KB059827

한
식
의 탄
생

아는 만큼 맛있는 우리 밥상 탐험기

한식의 탄생

韓食

세종
서적

contents 🌸

제1부
계절의 향기 따라

장 _ 한국 밥상의 기본   008
육회 _ 한민족만의 독특한 음식 문화   015
미나리강회 _ 봄을 먹는 맛   022
청포묵 _ 봄날의 밤참   025
복달임 음식 _ 옛사람들의 여름 나기   028
냉면 _ 평안도 국수의 서울 정착기   036
콩국수 _ 여름 아니면 먹을 수 없는   042
은어 _ 맑은 강가에서 건지다   048
물회 _ 뱃사람의 음식   053
빙과 _ 시원한 설렘   058
수제비 _ 간단하고 단순한 것의 힘   065
깍두기 _ 감칠맛 + 짠맛 + 매운맛 + 단맛   071
냉국수 _ 더위로 입맛 없는 날에는   077
추어탕 _ 가을의 대표 보양식   084
전어 _ 가을이라는 단어를 머금다   090
송편 _ 송편이 사시사철 먹던 떡이었다고?   096
꼬막 _ 찬바람 섞인 남도의 맛   099
해장국 _ 술을 깨기 위한 해장술의 안주   105
떡만둣국 _ 설날에 꼭 먹어야 하는 한 그릇   112
메주 _ 겨울을 견디기 위한 생존 의례   119
홍어 _ 푹 삭혀 먹는 맛   124
막걸리 _ 서민들의 노동주   132
명태 _ 다양한 이름으로 불리는 생선   140
수정과 _ 대표적인 정초 음식   142
과메기 _ 청어에서 꽁치로   144

제2부

날
마
다
기
분
따
라

설렁탕과 곰탕 _ 설렁탕과 곰탕 출생의 비밀　　150
감자탕 _ 싼값에 고기도 먹고 배도 불리는　　160
돼지국밥 _ 육신과 영혼의 허기를 채우다　　167
북엇국 _ 고단한 노동의 새벽을 깨우다　　174
부대찌개 _ 미군부대에서 흘러나온 가공육의 변신　　180
짜장면 _ 검은 마성의 음식　　187
소갈비 _ 찜과 탕에서 구이로의 변화　　194
삼겹살 _ 대한민국 국민 고기　　200
치킨 _ 맥주의 영원한 짝꿍　　207
참게장 _ 니들이 게 맛을 알아?　　214
비빔밥 _ 다양성의 힘　　220
상추쌈 _ 신록의 미각　　226
고추장 _ 단맛과 매운맛의 조화　　229
참기름 _ 고소한 맛의 근간　　234
장아찌 _ 한국 밥반찬의 보물창고　　237
젓갈 _ 밥상의 감초 같은 존재　　244
콩나물 _ 서민 밥상의 친근한 벗　　250
당면 _ 중국에서 온 가장 한국적인 식재료　　256
쥐포 _ 버림받던 생선의 화려한 변신　　262

추천의 말 _ 268

韓食

계
절
의

향
기

따
라

장

찬바람이 불면 집집마다 노란 메주를 띄웠고,
봄이 오면 메주로 간장과 된장을 만들었다.
이 장은 1년 내내 우리 밥상을 책임졌다.

봄볕이 스며들면 김치가 시어진다. 겨우내 숙성시킨 메주에 노란 곰팡이
꽃이 피면 사람들은 장醬을 담근다. 메주로 장을 담그면 위로 뜨는 맑은 국
은 간장이 되고, 메주에 소금을 넣고 다시 숙성시키면 된장이 된다. 된장,
간장이 들어가지 않는 우리 음식은 예나 지금이나 거의 없다.

음력 정월에 담근 장은 정월장, 음력 2월에 담근 장은 이월장이라 불렀고,

삼월장, 사월장까지 봄은 장 담그는 계절이다. 장은 주로 음력 2월에 담근 장이 주를 이루었다. 김치가 겨울 음식의 주인공이었다면, 장은 사계절 우리 밥상의 주역이었다. 장 담그기를 망치면 1년 내내 밥상이 불안했다.

지금은 장 담그는 집이 귀해졌지만, 1970년대 이전에는 장을 담그지 않는 집이 없었다. "서울에서는 이제 집에서 메주 쑤는 경우가 거의 없어질 정도라는 상인들의 이야기가 사실인지 가게마다 산더미처럼 메주가 쌓였다"〈조선일보〉, 1969년 3월 23일라는 기사에서 알 수 있듯이, 1960년대 후반에 들어서면서 장의 기본이 되는 메주가 시장에서 본격적으로 팔리기 시작했고 그 이후에는 된장, 간장을 사서 먹는 시대가 되었다.

젓갈이 장이라고?! – 콩장 vs. 육장

이응희의 《옥담시집》에는 장이 조선 중기에 다양하게 사용되었음을 알 수 있는 〈장〉이라는 시가 있다.

> 콩을 삶아서 메주 만들고
> 소금 넣어서 독에 채우면
> 유리 보석같이 붉고
> 빨간 호박색같이 맑다
> 바닥을 파서 금알 찾고
> 속을 뚫어 옥봉함을 여니

국과 회는 물론 불고기까지

간장 필요하지 않은 곳 없네

장은 중국에서 시작되었다. 장이라는 글자가 처음 등장하는 《주례》에는
"장에는 해醢나 혜醯가 있는데, 해는 새고기, 짐승고기, 물고기 할 것 없이
어떤 고기라도 이것을 햇빛에 말려 고운 가루로 하여 술을 담그고, 여기에
조粟로 만든 누룩과 소금을 넣고 잘 섞어 항아리에 넣고 밀폐하여 100일간
어두운 곳에서 숙성시켜 얻은 것이며, 혜는 재료가 해와 같으나 청매즙靑梅汁
을 넣어서 신맛이 나게 한 것이다"라고 쓰여 있다. 여기서 말하는 장은 육장
肉醬, 즉 젓갈이다. 젓갈과 장은 뿌리가 같다. 한국인들은 장이라 하면 된장,
간장, 고추장 같이 콩으로 만든 장을 떠올리지만, 동남아시아는 생선을 발
효시킨 어장魚醬을 오래전부터 먹었다.

콩으로 담근 장에 대한 기록은 왕충의 《논형》에 나온다. 한자 사전인 《설
문해자》47년는 '시豉'에 '어두운 곳에서 콩을 발효시켜 소금을 섞은 것'이라는
의미의 배염유숙配鹽幽菽이라는 설명을 붙였다. 장화의 《박물지》에서는 '시'
를 외국 것이라 적고 있는데, 이후 여러 기록에서도 콩으로 만든 장인 '시'는
외국, 특히 한민족의 것이라 적고 있다. 《제민요술》6세기 전반에는 콩으로 만든
유명한 장으로 고려장高麗醬을 꼽는다. 콩이 한반도 북부와 만주 일대에서
기원한 식물임을 감안하면 콩장의 한반도 탄생설은 자연스러운 것이다.

한반도 최초의 장에 관한 기록은 평안도 덕흥리 고분408년에 쓰인 된장鹽

豉이다. 된장의 한글 표기는 1670년경에 쓰인 최초의 한글 조리서《음식디미방》에 등장한다. 된장은 염시鹽豉, 염장鹽醬, 니장泥醬, 토장土醬 등으로 다양하게 불렸다. 간장은 음식물에 짠맛을 내는 물질인 '간'에 장이 결합되어 만들어진 말이고, 된장은 '되다'의 어간 '되'에서 온 말인데, '되다'는 '반죽이나 밥 따위가 물기가 적어 빡빡하다'는 뜻이다.홍윤표,〈'간장'과 '된장'과 '고추장'의 어원〉《삼국사기》신문왕 3년에는 왕비의 혼수품으로 장과 시가 동시에 등장한다. 콩장이 장의 대명사가 되기 전에 콩장은 '시'로, 육장은 '장'으로 불렸다.

다양한 종류의 장들 - 일반 장과 속성장

허균의《성소부부고》에는 정유재란 당시 선조가 피란처로 정한 지역에 가서 미리 장을 담글 신하를 뽑는 이야기가 나온다. 신잡이라는 신하를 합장사로 보내려 했다가 '신일辛日에는 장을 담그지 않는다'는 뜻을 지닌 '신불합장辛不合醬'의 '신' 자와 성이 같다는 이유로 그를 보내지 않았다는 웃지 못할 내용이다. 이처럼 장은 왕에서 백성까지 모두에게 가장 중요한 식재료였다. 《증보산림경제》에 "장은 모든 맛의 으뜸이요, 인가의 장맛이 좋지 않으면 비록 좋은 채소나 맛있는 고기가 있어도 좋은 요리가 될 수 없다. 촌야의 사람이 고기를 쉽게 얻지 못해도 여러 가지 좋은 장이 있으면 반찬에 아무런 걱정이 없다. 가장은 모름지기 장 담그기에 뜻을 두고 오래 묵혀 좋은 장을 얻도록 해야 할 것이다"라고 적혀 있을 정도다.

장을 담그고 40~60일이 되면 장 가르기를 해서 간장과 된장을 만든다.

장을 일찍 가르면 메주 성분이 간장으로 덜 빠져나가 된장 맛이 좋고, 장을 늦게 가르면 반대로 간장 맛이 좋아진다. 콩으로 만든 장은 두 가지만 있는 것이 아니다. 전통장은 200종이 넘는다. 《산가요록》1450년에는 스무 가지 장이 등장할 정도로 우리나라 사람들은 조선 초기부터 다양한 종류의 장을 만들어 왔다. 특히 지난해 담근 장이 떨어지고 햇장이 나오기 전에 담가 먹는 속성장은 음력 2월에 많이 담가 먹었다.

담북장은 메주를 사용한다는 점에서는 일반 장과 같지만, 이와 달리 메주를 초봄에 잘게 부수어 소금물에 버무리고 고춧가루 등을 섞어 일주일 동안 발효시켜 먹는다. 남쪽 지역에서는 수분이 많은 즙장汁醬을 속성장으로 담가 먹었다. 즙장은 집장이라 부르기도 한다. 메주와 채소를 섞어 소금물과 함께 담가 먹는 탓에 숙성된 후에는 색이 검게 변해 검정장이라고도 불렸다. 옛날에는 온도를 일정하게 유지하기 위해 말 두엄 속에서 장을 숙성시키는 경우도 있었다. 즙장은 《산가요록》에 즙저汁菹라고 등장할 정도로 오래전부터 많이 먹었고, 조선시대의 조리서에도 만드는 법이 빠지지 않는 대표적인 속성장이었다.

간장과 된장을 분리하지 않고 만들어 먹는 막장은 콩으로만 메주를 만들지 않고 발효가 빠르게 되는 밀이나 멥쌀, 보리를 섞어 만들기 때문에 담근지 열흘이면 먹을 수 있다. 메주를 가루로 빠갰다 해서 빠개장 혹은 가루장이라고 부른다. 깊은 맛이 나는 탓에 고기 먹을 때 쌈장으로 많이 먹는다. 《조선무쌍신식요리제법》1924년에는 메주와 물만으로 만드는 무장이라는 독

한국인의

소울푸드

된. 장. 찌. 개

특한 속성장도 나온다. 콩으로 메주를 만들지 않고 삶은 콩을 시루에 넣고 아랫목에서 며칠 동안 발효해서 먹는 청국장도 속성장이다.

정조의 문집인 《홍제전서》를 보면 정조가 "곡우穀雨가 부슬부슬 내려 봄의 정취가 물씬 풍기므로" 신하들에게 시를 짓게 했는데, 황기천은 "된장의 맑은 향기는 순채를 압도하네"라는 시를 지어 봄날의 미각을 표현했다. 쑥 같은 봄나물에 두부를 넣고 된장을 풀어 넣으면 봄이 그대로 내 몸 안으로 들어온다.

육회

우리나라만큼 대중적으로 육회를 먹는 나라는 없다.
섬세하고 차진 육회 맛을 아는 이들이야말로
진정으로 고기 맛을 아는 사람들이다.

'쇠고기 좀 먹는다'는 사람들이 '쇠고기 좀 한다'는 고깃집에 가면 기본으로 제공되는 메뉴가 있다. 바로 싱싱한 간이다. 이 문화는 전라도와 경상도가 그 중심에 있다. 지금도 전라도에서는 생소고기가 하루에 4.02톤이 소비되고 경제적 규모에서 연간 1200억 원의 시장이 형성되어 있다.〈광주지역 소 생고기 유통실태 조사〉, 2012년

'육회'를 부르는 말도 지방에 따라 다르다. 전라도에서는 당일 출고된 쇠고기를 '생고기' 혹은 '육사시미'라고 부르고, 경상도에서도 일반적으로 '생고기'라고 부른다. 하지만 대구에서는 '뭉티기', 울산에서는 '막찍기' 혹은 '깍두기육회'로 부르기도 한다.

소는 도축한 후 하루가 지난 뒤 반출하도록 법으로 정해져 있지만, 독특한 육회 문화 때문에 축산법시행규칙 제39조 및 축산물등급거래규정 제4조에 의거해 쇠고기 부위 중 앞다리와 우둔만 당일 출하가 가능하도록 예외 규정을 두었다.

육회는 기름기가 없는 부위를 주로 먹지만 등심 같은 기름기가 있는 부위도 도축 당일에 날로 먹으면 부드럽고 감칠맛이 난다. 생고기를 당일에 반출하는 것은 사후 경직 이전에 먹기 위함이다.

도살 후 최초 1시간에서 3시간 동안은 근육 내에 잔류하는 글리코겐 및 ATP근육을 당길 때나 혈액을 온몸으로 돌릴 때 등 모든 생명 활동에 필요한 기본 물질의 양이 많아서 근원섬유의 수축과 이완이 쉽게 일어남으로써 식육은 유연하고 신전성늘어나는 성질이 높은 상태를 유지한다. 근육 내 ATP 양이 일정 수준 이하로 낮아지면서 근원섬유 간 상호 결합으로 수축된 근원섬유가 이완되지 않는 경우가 발생하기 시작한다. 경직 완료는 글리코겐과 ATP가 완전히 소모됨으로써 수축되어, 이완되지 않는 근원섬유가 많아지면서 단단하게 굳어진다. 사후 경직이 풀리는 기간은 보통 7일에서 14

일이 필요하다. (김진영, 〈여행자의 식탁〉)

육회에 관한 기록들

전라도와 경상도의 육회 전문점에서는 우둔살이나 앞다리살 속의 힘줄을 섬세하게 발라낸다. 세 시간이 지난 이후 사후 경직이 시작되면 살코기는 쫀득해진다. 하루 정도만 부드럽고 쫀득한 맛을 볼 수 있다. 이후에는 잘게 썰어 배 같은 천연 연육제와 함께 육회로 먹는 경우가 일반적이다. 육회라고 하면 하루 정도 지난 생고기를 양념과 함께 내놓는 것을 말한다.

1931년 5월 23일 자 〈동아일보〉의 "쇠고기 회치는 법"에는 육회는 물론 소의 각종 부위를 회로 먹는 방법이 자세히 나와 있다.

> 쇠고기 중 횟감으로는 우둔^{牛臀}이 제일 달고 연합니다. 것껍질은 벗기고 얇게 점이는데 생쇠^{생철}로 맨든 칼로 썰어야 고기가 참착부터서^{착 붙어서} 잘 썰립니다. 물에 담근 쇠는 밋글어저서^{미끌어져서} 잘 썰리지가 안습니다. 고기는 썰 때에는 속에 잇는 심줄도 말정히 골라내여 고기결을 가루 잘게 썰어담어 그냥 먹거나 가진 양염(장, 깨, 마눌, 파, 호초가루, 기피가루)을 하야 먹기도 합니다. 우둔 중에도 암소볼기가 더욱 조흡니다.

요즘에는 소의 뒷다리안쪽살인 처지개살을 최고로 치는 식당 주인들이 많다. 감칠맛이 강하고 쫀득한 맛이 제일이기 때문이다. 진주에서는 일제강점기부터 육회를 진주비빔밥의 꾸미로 먹었다.

맛나고 갑 헐한 진주비빔밥은 서울비빔밥과 갓치 큰 고기졈을 그냥 노흔 것과 콩나물발이셋치나 되는 것을 넝쿨지게 노흔 것과는 도져히 비길 수 업슴니다. …… 육회를 곱게 썰어놋코 입맛이 깨금한 고초장을 조곰 언슴니다. 여긔에 니러나는 향취는 사람의 코를 찌를 뿐 안이라 보기에 먹음직함니다. 갑도 단돈 10錢. 상하계급을 물논하고 쉽게 배곱흠을 면할 수 잇는 것임니다. (《별건곤》, 1929년 12월 1일)

우시장으로 예부터 명성이 자자했던 함평에서도 육회비빔밥은 장날 최고의 음식이었다.

> 잠간 함평에 와서 일을 보고 오후에 가는 이가 혹 점심을 먹게 되면 대개는 만히 잇는 비빔밥집이니 그곳에 들어가 십오전자리 비빔밥 한그릇에 보통 주량을 가진 이면 소주 두 잔만 마시면 바로 목에 넝겨버리기도 앗가울 만한 싼듯하고 깊은 맛잇는 비빔밥 그 구수하고 향기난 소주, 이러기게 함평시장날이면 외촌에 사는 분들이나 근읍에 게신 이들은 시장에 와서 비빔밥에 소주만 먹고 가는 예도 적지 안하며……. (《동아일보》, 1938년 10월 4일)

한민족만의 독특한 음식 문화

한민족은 이전에도 육회를 즐겨 먹었다. 이수광이 1614년에 편찬한 《지봉유설》에는 "중국인은 회를 먹지 않는다. 말린 고기라고 해도 반드시 익혀 먹고 우리나라 사람이 회를 먹는 것을 보고 웃는다"라고 쓰여 있다. 유몽인이 지은 《어우야담》에는 "중국 사람이 되묻기를 '소의 밥통 고기나 처녑 같은 것은 모두 더러운 것을 싼 것이다. 이것을 회를 해서 먹는다니 어찌 배 속이 편안하겠는가?' 하였다. 또 고기를 꿴 것을 구워 먹으면서 그 피를 빨아 먹는 것을 보고 그것을 빼앗아 땅바닥에 내동댕이치면서 '중국 사람은 잘 익은 고기가 아니면 먹지 않는다. 이것은 오랑캐의 음식이다'라고 꾸짖었다.

그러자 선비는 '회나 구운 음식은 모두 고인古人들이 좋아하던 것이다. 고서에도 기록이 많이 보이니 어찌 탓할 수 있겠는가?'라고 대답했다"라는 기록이 나온다. 중국인들에게 고기는 돼지고기였고, 송나라 때 쇠고기 육회로 전염병이 창궐하면서 이후에는 육회가 사라졌다.

미식가로 널리 알려진 공자는 음식에 관한 글을 많이 남겼는데, 《논어》의 〈향당편〉에는 공자가 "회는 가늘게 썬 것을 드셨다"라는 구절이 나온다. 원대에 쓰인 《거가필용》에는 "양의 간이나 처녑을 날로 가늘게 썰어 강사薑絲. 생강을 실처럼 썬 것를 넣고 초醋에 담가서 먹는다"라는 양육회방羊肉膾方을 비롯해 몇 가지 육회 먹는 법이 나온다.

육회는 제사에서 빠지지 않는 음식이었다. 조선에서 날로 먹는 음식 문화가 번성한 이유는 조선의 유교 영향에 의한 복고주의復古主義 때문이라고 보는 견해가 강하다. 서유구는 《임원경제지》의 〈정조지〉에서 "고기를 잘게 썬 것을 회라고 부른다. 회는 '膾'라고도 하고 '할'이라고도 한다. …… 어생魚生과 육생肉生을 모두 회라고 부른다"라고 했다. 조재삼은 《송남잡지》에서 육고기로 만든 회를 '膾', 생선으로 만든 회를 '鱠'라고 적었다. 육회에 관한 기록은 오래되었지만 조리법에 관한 기록은 그다지 많지 않다.

육회 양념의 비법은 장

19세기 말에 쓴 《시의전서》에 비로소 육회가 등장한다. 육회는 기름기 없는 연한 쇠고기 살을 얇게 저며 물에 담가 핏기를 빼고 가늘게 채를 썬다.

파, 마늘을 다져 후춧가루, 깨소금, 기름, 꿀 등을 섞어 잘 주물러 재고 잣가루를 많이 섞는다. 초고추장은 후추나 꿀을 섞어 식성대로 만든다.

1913년 청주 지방의 음식을 기록한 《반찬등속》에는 "육회는 쇠고기를 좋은 것으로 하되 잘게잘게 썰어서 좋은 술에 빨아 생청생꿀, 고추장, 참기름, 후춧가루를 넣어서 이대 즉시 주물러서 먹어라"라는 구절이 나온다. 육회비빔밥에 주로 사용되는 고추장이 육회에도 사용되었음을 알 수 있다.

《조선무쌍신식요리제법》에는 우둔살과 대접살이 등장한다. 1945년 이전의 육회는 주로 《조선무쌍신식요리제법》에 나온 대로 양념에 무쳐 초고추장이나 진장, 겨자장, 겨자즙 등에 찍어 먹었다. 예나 지금이나 육회의 가장 큰 문제는 위생이었다. 따라서 양념이나 육회를 찍어 먹는 장은 모두 미생물의 억제에 관계되는 것들임을 알 수 있다.

일본에서는 육회로 인한 식중독 때문에 육회 판매가 금지되어 있다. 반면 유럽에서는 육회를 먹기는 한다. 하지만 한국만큼 쇠고기 육회 문화가 대중적인 곳은 없다. 올레인산이 많은 한우는 생고기로 먹어도 감칠맛이 난다. 다양한 양념을 섞은 육회는 졸깃한 식감과 풍부한 감칠맛이 있다. 붉은 살코기 한 점에 미각이 되살아난다. 본격적인 봄 미각으로 손색없다.

미나리강회

"살이 오르는 미나리로 만든 미나리강회를
초고추장에 꾹 찍어 먹으면 이건 봄을 먹는 겁니다."

    석가탄신일이면 옛사람들은 미나리강회를 시식時食으로 먹었다. 불가佛家
는 물론 일반인들도 육류나 어류는 먹지 않고 느티떡, 콩볶음, 미나리강회
를 먹었다. 강회는 숙회熟鱠의 일종으로 채소를 살짝 데쳐 말아 먹는 것을
말한다.

    예부터 미나리는 봄을 대표하는 채소였다. "살이 오르는 미나리로 만든

석이 + 단갈 + 고추 + 양지 + 미나리

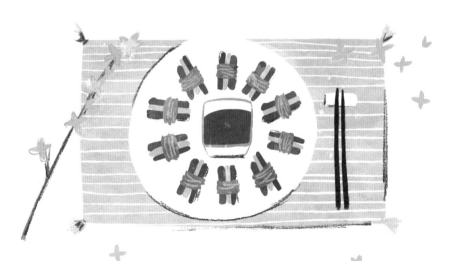

"미나리강회는 도호나라"

미나리강회를 초고추장에 꾹 찍어 먹으면 이건 봄을 먹는 겁니다"《경향신문》, 1966년 10월 6일라고 할 정도였다. 고려시대부터 근전芹田, 즉 미나리밭을 운영할 정도로 미나리를 많이 먹었다. 서울 동대문 밖, 특히 왕십리 주변은 조선시대 《연암집》에도 기록이 여럿 남아 있을 정도로 미나리밭으로 유명했다. "冬至동지 섣달 어름이 꽝꽝 어른 논 속에서도 새파랗케 새싹이 난 미나리를 캐내는 것은 서울이 안이고는 그 生新생신한 맛을 보지 못할 것이다."《별건곤》, 1929년 9월 27일

미나리강회 조리법이 최초로 기록된 《시의전서》에는 "미나리를 다듬어 끓는 물에 데쳐 상투 모양으로 도르르 감는다. 달걀, 석이, 고추, 양지머리를 채치고 실백을 가운데 세우고 다른 채친 재료들을 옆으로 돌려가며 색색이 세워서 미나리로 감는다. 접시에 담고 초고추장을 곁들인다"라고 나온다. 초파일 시식이었던 미나리강회가 19세기 요리로 발전하면서 육고기를 넣게 된 것이다.

1884년 일본에서 발간된 한국어사전 《교린수지》에는 '芹미나리'라는 항목이 있는데 "미나리강회는 됴흐니라좋으니라"라는 한글 예문이 붙어 있다. 옛사람들은 "봄 미나리 살진 맛 님에게 드리고저"라고 읊고 미나리를 먹으며 나른한 봄날을 보냈다.

청포묵

우리 조상들은 밥참으로 무엇을 먹었을까.
겨울밤에는 메밀묵과 찹쌀떡을 먹었다면
봄밤에는 청포묵이 최고의 밤참이었다.

청포묵은 봄날에 먹던 밤참이었다. 《경도잡지》1770년에는 "탕평채蕩平菜는
녹두유綠豆乳. 청포묵, 돼지고기, 미나리 싹을 실같이 썰어 초장에 묻힌 것으로
매우 시원하여 봄밤에 먹기 좋다"라는 내용이 나온다. 묵에 관한 최초 기록
은 1737년 발간된 《고사십이집》에서 찾을 수 있다. 이 문헌을 보면 "청포靑
泡는 녹두로 두부처럼 만든다. 그러나 자루에 넣고 누르는 것이 아니라 목기

에 담아서 응고시킨 후 이용한다. 가늘게 썰어 초장에 무쳐 나물로 한다"라
고 그 제조법이 소개되어 있다.

묵이라는 한글 단어는 《방언집석》1788년에 '菜豆腐채두부 묵'이라고 처음 나
온다. 채두부란 채소로 만든 두부라는 뜻이니, 묵을 두부의 일종으로 본 것
이다. 19세기 중반 발간된 《오주연문장전산고》에는 콩이 없을 때 녹말, 칡가
루, 메밀가루, 도토리가루, 율무가루 등을 이용해 다양한 두부를 만드는 법
이 나온다. 이전부터 있던 두부 제조법이 18세기 이후 묵에 이용된 것이다.

청포묵은 녹두로 만든 하얗고 맑고淸 투명한 묵이다. 여기에 치자물로 빛

깔을 내면 맑은 노란색이 나는 황포묵이 된다. 청포묵이나 황포묵은 맛으로 먹던 음식이었지만 도토리묵은 3~5월 춘궁기 구황 음식이자 화전민의 주식이었다. 화전민이 생계를 위해 먹던 도토리묵과 동동주를 산을 오가는 사람들에게 팔면서 대중적 음식이 되었다.

녹두묵이 봄날에 먹던 밤참이었고 도토리묵이 화전민의 구황 식품이었다면, 메밀묵은 찹쌀떡과 함께 일제강점기부터 겨울밤 최고의 밤참이었다. 1980년대 초반까지만 해도 "'메밀묵 사려'란 애처로운 소리로 밤은 깊어 갔다."〈경향신문〉, 1971년 12월 15일

복달임 음식

복날은 여름 기운이 너무 강해서
가을 기운이 전혀 힘을 못 쓰는 날이다.
이럴 때는 따스한 복달임 음식을 먹어 줘야 한다.

에어컨, 선풍기도 없던 시절, 사람들은 어떻게 여름을 보냈을까? 농업국가 조선에서 한여름 더위는 피할 수 없는 고통이었다. 그늘 하나 없는 논과 밭에서의 노동은 주어진 운명이었다. 살갗을 태울 것 같은 더위의 절정에 복날이 있다. 음력 6월 중순에서 7월까지 이어지는 삼복은 지금도 견디기 어려운 시기다. 사람들은 혹독한 더위를 음식으로 버티고 견뎠다. 삼복더위를

'복달임' 음식 지혜로 맞서 싸워 이겨 낸 것이다.

복달임, 가을 기운을 위한 음식

복날은 가을의 기운이 여름 기운에 밀려 엎드려 있는 것을 말한다. 그래서 '엎드릴 복伏' 자가 쓰였다. '복' 자에 '개 견犬' 자가 들어간 탓에 개가 엎드린 형상을 본뜬 것이라 말하는 사람이 많지만, 원래는 사람이 엎드린 모습을 본뜬 글자였다. 복날 먹는 개고기와 '복' 자를 연관 짓는 것은 상상일 뿐이다. 도대체 왜 이런 이상한 날이 만들어졌을까?

동양의 기본 철학은 음陰과 양陽에서 출발한다. 그것이 다시 오행을 만나고 24간지가 생겨나고 60간지로 확대되면서 복잡해지지만 그 원리는 간단하다. 음이 극에 달하면 양이 되고, 여름이 지나면 가을이 오는 자연의 순리를 따르라는 것이다.

복날은 초복, 중복, 말복 세 번이다. 초복은 24절기 중에서 태양과 가장 가까운 여름의 절정 하지夏至의 세 번째 경일庚日이다. 경일은 열흘에 한 번 돌아온다. 초복 다음 열흘 후에 오는 경일은 중복이 된다. 말복도 대개 열흘 뒤에 오는데 때로는 스무날 뒤에 오기도 한다. 보름에 한 번씩 돌아오는 24절기 입추立秋가 중간에 끼어 있기 때문이다. 스무날 만에 돌아오는 말복은 월복越伏이라 부른다.

경일은 가을 기운을 지닌 날이다. 여름이 절정으로 치달을 때 가을의 기운이 생겨나는 것은 자연의 이치다. 그런데 여름 기운이 너무 강하면 가을 기운이 맥을 못 추고 납작 엎드려 있게 된다. 여름 기운에 가을 기운이 조금 남아 있으면 날이 선선할 텐데, 가을 기운이 전혀 힘을 못 쓰니 날은 더욱 더울 수밖에 없다.

옛사람들은 세상의 질서가 변하기 시작하는 복날에는 가을 기운秋을 가진 음식을 먹어야 몸이 온전하게 보전된다고 믿었다. 복날 음식은 이런 동양철학적 바탕 위에 기초한 것이다. 복날 개고기를 먹는 것은 개고기가 바로 가을 기운을 지닌 음식이기 때문이다.

복달임은 복날의 가을 기운을 위한 음식이다. '복伏'이라는 한자에 '달임'이라는 우리말이 결합된 단어다. 달임은 무언가를 달여서 먹는 탕을 의미한다. 더운 여름날 왜 뜨거운 음식을 먹을까? 몸에서 열이 나면 수분은 땀으로 배출되고 더위를 식히느라 먹은 차가운 음식으로 속은 더욱 차가워진다. 차가운 음식이 과하면 배탈이 나고 몸의 균형이 무너져 서중暑中이라는 병이 온다. 더위는 더위로 다스린다는 이열치열以熱治熱의 원리는 이런 우리 몸의 기본 구조에 대한 이해에서 나온 과학이다. 몸을 데워 줄 따스한 개장국이나 고깃국, 고기 음식이 복날 음식으로 빠짐없이 등장하는 것은 철학과 과학이 만들어 낸 결과물이다. 따스한 음식이 몸속으로 들어와야 몸이 균형을 다시 찾게 된다. 그 시작에 '개장狗醬, 개고기탕'이 있다.

개장에서 비롯된 육개장

복날 개고기를 먹는 풍습은 중국에서 유래한 것이다. 《동국세시기》에는 삼복 날 먹는 개장에 관한 기록이 남아 있는데, "《사기》에 진나라기원전 221~ 206년 덕공이라는 사람이 사대문 밖에 개고기를 걸어두고 복사伏祠를 처음 시작했다"라고 쓰여 있다. 오랫동안 여름 더위를 피하는 음식으로 알려진 개장은 17세기 중반 안동의 조리서《음식디미방》부터 18세기 말 서울의 세시풍습을 기록한 《경도잡지》에 이르기까지, 지역을 가리지 않고 골고루 등장한다. 《경도잡지》에는 "개고기에 총백蔥白. 파의 밑동을 넣어 삶아 국을 끓여 고춧가루를 뿌리고 흰밥을 말아 먹는다"라고 나와 있다.

19세기의 세시기인《동국세시기》와《열양세시기》에도 복날 음식으로 개장은 빠지지 않고 등장한다. 그런데 예나 지금이나 개고기를 싫어하는 사람들이 있는 탓에 "개고기를 못 먹는 사람들은 쇠고기를 넣어 만든 육개장肉狗醬을 먹으면 좋다"라는 기록도 있다. 쇠고기를 개고기처럼 죽죽 찢어 넣어 만든 육개장은 개장에서 비롯된 음식이다.

한반도에서 가장 더운 지역인 대구에서 육개장이 발달한 이유에 대해 명확한 기록은 없지만 이는 복날 먹는 개장과 상당한 연관성이 있다. 대구의 육개장은 복날 음식을 넘어 하나의 지역 음식으로 발전했다. 19세기 이후 대구의 육개장은 대구를 대표하는 음식으로 자리 잡았다. 굵직한 대파의 단맛과 알싸한 고춧가루가 달달한 고기 국물과 어울린 대구 육개장은 '대구탕반'으로 불리는 명물 요리가 된다. 국에 밥을 넣어 먹던 대구탕반은 한국전쟁을 거치면서 말아 먹는 밥을 부담스러워하는 외지인들을 위해 밥과 국이 분리되면서 '따로국밥'이라는 새 이름이 붙는다. 오늘날 대구의 육개장 혹은 따로국밥은 더운 복날 시작된 개장국이 진화와 변화를 거듭한 결과물이다.

그렇지만 1986년 아시안게임과 1988년 서울올림픽을 거치면서 개장은 세계적인 비난을 받았다. 개장은 '보신탕', '사철탕', '영양탕'이라는 어색한 이름을 달고 뒷골목에서 더운 여름날을 버텨야 했다.

삼계탕은 최고의 복달임 음식

개장국을 대신해 복달임 음식의 전면에 등장한 것이 삼계탕이다. 내장을 비워 낸 자리에 인삼과 대추, 찹쌀을 품고 하얀 닭 국물 속에 온전히 몸 전체를 드러내는 삼계탕을, 일본 작가 무라카미 하루키는 "한국 최고의 음식"이라고 칭송했다. 일본인이나 중국인도 한국에 오면 삼계탕 한 그릇은 통과의례처럼 먹고 간다.

그런데 개장과 달리 19세기 기록 어디에도 복날 음식으로 삼계탕 혹은 계삼탕을 먹었다는 기록은 없다. 19세기 문헌에는 '삼계고蔘鷄膏', '계삼음鷄蔘飮' 같은 단어가 종종 등장하지만 복날 먹는 시식은 아니었다. 당시에는 환자들이 닭과 인삼을 넣고 푹 고아서 국물을 약으로 먹었다.

삼계탕이라는 단어가 언급된 기록은 내가 아는 한 1910년 보고된 〈중추원조사자료〉가 처음이다. 이 자료에는 "여름 3개월간 매일 삼계탕蔘鷄湯, 즉 암탉의 배에 인삼을 넣어 우려낸 액을 정력精力 약으로 마시는데, 중류 이상에서 마시는 사람이 많다"라고 나온다. 지금처럼 건더기와 국물을 동시에 먹는 음식이 아니라 국물을 먹기 위한 재료로 사용한 것이 다른 점이다. 당시에는 닭이나 인삼이 모두 비싼 재료이었기에 서민들이 쉽게 먹을 수 있는 약은 아니었음을 알 수 있다.

최근 많은 매체에서 "원래 삼계탕은 계삼탕이었다가 1980년대 이후 삼계탕으로 바뀌었다"라고 하지만, 여러 기록을 보면 이런 주장은 별로 신뢰할 수 없다. 19세기 말에서 20세기 초 삼계탕과 관련된 기록에는 '삼계'라는 단어가 월등히 많다. 삼계탕이라는 말이 신문에 처음 등장한 것은 1960년대 초반이지만, 빈도수가 많아진 것은 1970년대 중반이다. 대한민국에 본격적인 육식 문화가 시작되는 때와 삼계탕의 대중화가 궤를 같이하는 것을 알 수 있다. 계삼탕이라는 말도 거의 같은 시기에 언론 노출 빈도수가 많아지지만 1980년대 이후 삼계탕에 밀려 거의 사라졌다.

삼계탕을 이야기할 때 닭과 더불어 꼭 언급되어야 할 재료는 인삼이다. 인삼은 비싼 약재료다. 20세기 중반까지는 인삼가루도 귀했다. 1917년 판《조선요리제법》이라는 조리서에는 '닭국'이라는 요리가 등장하는데, 이름은 다르지만 지금의 삼계탕과 가장 비슷한 조리법으로 만들어진다. 지금의 삼계탕과 다른 점은 수삼 대신 인삼가루를 넣는 점이다. 인삼가루를 넣은 닭국이든 삼계탕이든 닭은 비싸고, 인삼은 더 비싸던 시절에 부자들의 보양식일 뿐이었다.

1950년대 인삼가루를 넣은 외식용 음식인 삼계탕이 계삼탕이라는 이름을 달고 세상에 나타난다. 1960년대가 되면 수삼의 대량 재배와 정부의 규제 허용, 그리고 냉장 유통 기술의 발달로 인해 계삼탕에 수삼이 들어간 음식이 등장한다. 눈치 빠른 식당 주인들은 계삼탕의 이름을 재빠르게 삼계탕으로 바꾸어 메뉴로 내놓는다. 외식 메뉴 삼계탕의 신화가 시작된 것이다. 1975년 이후 국민소득이 500달러를 넘어서면서 육류의 수요와 공급이 폭발적으로 늘어나자 삼계탕은 복날 음식을 넘어 여름철 최고의 보양 음식으로 등극하게 된다.

삼계탕 이전에 복날 닭을 먹은 기록은 《동국세시기》에도 등장한다. 인삼을 넣지 않고 끓인 '연계백숙軟鷄白熟'도 복달임 음식으로 먹었다. 지금도 복날이면 장사진을 이루는 보신탕집은 거의 예외 없이 백숙을 판매한다. 삼계탕, 백숙에 들어가는 닭은 알을 낳지 않은 닭인 연계軟鷄나 영계다. 일제강점기의 기사를 보면 "함경도나 원산 지역에서는 '연계찜'이라는 음식을 복날즐겨 먹었다"라는 기록이 심심찮게 등장한다.

1929년 8월 1일에 발간된 《별건곤》 제22호에는 "영남지방에서는 삼복 중에 개 죽음이 굉장하다. 하지만 안주황해도의 명물로 삼복 중의 닭천렵이 대단하다"라고 쓰여 있다. 경상도나 전라도 같은 남도는 개를 복달임 음식으로 먹고, 함경도에서 황해도에 이르는 북한 지역에서는 닭을 복달임 음식으로 먹어 왔음을 짐작케 하는 대목이다.

그밖에도 다양한 복달임 음식

삼계탕이 최고의 복달임 음식으로 등극했지만 개장국과 더불어 20세기 중반까지 가장 각광받았던 복달임 음식은 민어탕이었다. 1937년 7월 9일

자 〈동아일보〉에는 복날에 민어국에 호박을 넣고 끓여 먹는다는 기사가 나온다. 호박과 민어는 삼복 기간에 맛이 가장 좋은 식재료다. 민어국과 더불어 복날 빠지지 않는 음식은 팥죽이었다. 팥죽은 더위를 몰아낸다는 민간신앙 때문에 생겨난 음식 풍속이다. 대한민국에서 날이 가장 더운 남해안 일대에서는 여름이면 장어탕 같은 음식을 먹으며 여름을 견뎌 낸다.

온난화 때문인지 이제는 복날 전에도 날이 푹푹 찐다. 삼계탕 명가 토속촌에 점심시간 이전부터 긴 줄이 늘어서면 복날이 다가왔다는 증거다.

냉면

평안도 국수의 서울 정착기

서울로 내려온 평양냉면은
동치미 국물 대신 고기 국물로 육수를 내고,
추운 겨울이 아닌 더운 여름에 먹는 음식이 되었다.

꽃잎이 더운 기운을 머금은 바람에 날려 흩어지고 짙은 녹음이 나무를 에워싸면, 봄은 꽃처럼 짧은 절정을 마감하고 길고 습한 여름으로 수렴된다. "랭면집의 광고하는 갈게발이 벌써 춘풍에 펄펄 날리"〈동아일보〉, 1921년 4월 20일면 서울에 냉면 철이 시작된다. 물냉면의 발상지 평안도에서는 추운 겨울에 주로 먹는 '쨍'한 냉면을, 서울 사람들은 예부터 더운 여름에 먹었다.

이렇게 기후와 문화의 차이는 같은 음식도 다른 방식으로 먹게 한다.

평양냉면이라는 이름 때문에 서울의 '평양냉면집' 역사를 한국전쟁 이후로 생각하는 사람들이 많지만, 서울에서 평양식 물냉면의 역사는 19세기 중반부터 기록이 남아 있을 정도로 오래되었다. 평양을 중심으로 한, 평안도 메밀로 만든 '국수'의 서울 정착기는 심한 굴곡의 격랑사와 다름이 없다. 평양냉면의 본모습이 수많은 굴곡 속에서 서울식으로 변형되어 이제는 '서울냉면'이라 불러도 될 만큼 다양한 이야기와 레시피가 만들어졌다.

냉면에 관한 기록들

널리 알려진 이야기지만 '냉면'이라는 단어는 조선 중기의 문인 장유의 문집 《계곡집》1643년에 실린 〈자장냉면紫漿冷麵〉자줏빛 육수에 냉면을 말아 먹고이라는 제목의 시에 처음 등장한다. 이후에 냉면에 관한 가장 생생한 기록은 음식에 관심이 많았던 정약용이 해주에서 겨울에 먹던 냉면을 소개한 시에서였다. 지금 인천과 백령도, 양평에 남아 있는 해주냉면의 흔적은 18세기부터 시작된다. 17세기부터 등장한 냉면에 관한 기록은 19세기에 들어서면서 부쩍 많아진다. 장소도 평안도와 서울 지역에 골고루 분포되어 나타난다. 19세기에 이미 평안도와 서울에 냉면이 중요한 외식 메뉴로 자리 잡았음을 추정할 수 있는 기록이 눈에 많이 띤다. 《세시풍요》1843년, 《동국세시기》1849년, 《임하필기》1871년 등이 대표적인 기록이다.

냉면은 대중이 즐겨 먹는 서민 음식이자 왕도 즐겨 먹는 고급 음식이었다. 정조와 순종 임금에 관한 기록도 있지만, 유난히 냉면을 사랑한 고종의 공식 행사에는 냉면이 빠지지 않고 등장한다. 고종의 황후 윤비를 모신 김명길 상궁이 구술한 《낙선재 주변》이라는 책에는 "냉면의 꾸미는 가운데에 '십十' 자로 편육을 얹고 나머지 빈 곳에는 배와 잣을 덮은 모습이었다. 배는 칼로 썰지 않고 수저로 얇게 떠서 초승달 모양으로 만들어 국수 전체의 위에 얹고 꾸미로는 편육과 잣뿐이었다. 국물은 육수가 아니고 동치미에 배를 많이 넣어 담근 것이라 무척 달고 시원한 김칫국을 부어 내었다"라고 기록되어 있는데, 고종이 즐겨 먹던 냉면은 '배동치미 냉면' 혹은 '고종냉면'으로 불리며 레시피가 전해진다.

이렇듯 왕도 한양에서 즐긴 냉면이지만 냉면의 본고장은 역시 평양이었다. 평안도 출신인 김구 선생도 19세기 말의 평양냉면에 관한 기록을 《백범일지》에 남겼을 정도로 평양냉면은 평양과 평안도 사람들의 일상 음식이었다. 냉면은 1911년 '평양조선인면옥조합'이 생기면서 평양을 대표하는 음식으로 자리 잡는다. 1937년 8월 1일 자 〈동아일보〉 기사에 의하면, 당시 평양에는 80여 개의 냉면집이 있었다고 한다. 현지 사람들은 '평양냉면'이라 부르지 않고 '국수'라고 했다. 외지인들에게 평양의 국수는 평양에서 먹는 특수한 먹거리인 평양냉면이었지만, 그들에게는 그냥 일상적인 국수였다. 겨울에야 제맛이 나는 무로 담근 동치미 국물에 메밀로 만든 면을 말아 낸 국수는 한국전쟁이 나면서 심각한 변화를 겪는다. 19세기부터 대를 이어 온 식당들이 거의 대부분 문을 닫게 된 것이다.

서울의 평양냉면

서울의 냉면집에 대한 기록은 1920년대부터 많이 보인다. 그때 수십 개의 냉면집이 서울에서 영업한 것으로 추정된다. 평양의 국숫집과 서울의 평양냉면집의 큰 차이는 육수와 먹는 계절이었다. 서울 사람들은 더운 여름에 냉면을 먹었고, 겨울이 아니면 제맛을 내기 힘든 동치미 국물 대신 고기 육수가 '서울냉면' 국물의 주인공으로 자리를 잡는다.

서울식 평양냉면과 평양의 국수는 한국전쟁 이후 일대 전환을 맞는다. 평안도 사람들이 대거 서울에 정착하면서 정통 평양냉면을 선보이자 서울식 평양냉면집이 경쟁에 밀려 하나둘씩 사라지게 된 것이다. 실향민이 운영하는 평양냉면집은 맛에서도 앞서지만, 실향민의 모임 장소가 되면서 서울의 냉면집이 따라가기 버거웠다. 그러나 1960년대 들어 콜레라가 자주 발생하면서 평양냉면집은 '여름철 영업 정지'라는 된서리를 맞았다. 냉면집이 부활하게 되는 계기는 1970년 초 성사된 남북적십자 회담이었다. 통일은 곧 이루어질 듯했고, 남한의 언론은 북한의 냉면 같은 음식을 집중적으로 보도했다. 이에 발맞춰 실향민이 운영하는 냉면집들이 다시 본격적인 영업을 시작했다.

한국전쟁 이전이나 이후나, 서울의 가장 대중적인 외식 메뉴는 설렁탕이었다. 그런데 따스한 고기 국물은 여름에는 먹기 부담스러운 탓에 설렁탕집에서는 여름에 냉면을 팔았다. 반면 서울 사람이 운영하던 서울의 냉면집에서는 겨울에 설렁탕을 팔았다. 서울 설렁탕의 고기 국물이 냉면 육수에 영향을 미친 것은 당연한 일이었다. 적절한 기후와 재료의 부재에다가 서울의 설렁탕 국물까지 영향을 미치자, 동치미 국물이 대세를 이루던 평양의 국수는 양지 국물을 중심으로 한 고기 국물로 대체되었다.

서울에 정착한 실향민 1세대는 대부분 자신의 자식들에게 가업을 물려주었다. 20세기 초반과 중반 서울 평양냉면과는 다른 21세기 서울 평양냉면의 역사가 새롭게 시작되고 있다. 고향의 맛을 필사적으로 지키려 노력한 1세대와 달리 2, 3세대는 서울이라는 기후와 공간, 사람들의 입맛에 맞추려 변화하고 있다. 서울의 평양냉면이 평양냉면으로 남을지, 서울냉면으로 바뀔지는 아무도 모른다. 봉피양 방이동 지점의 순면과 우래옥의 순면은 같은 방식으로 만들지만 맛은 다르다. 이제껏 맛보지 못한 우아한 맛의 평양냉면이 새롭게 탄생한 것이다. 시간도 맛도 그렇게 흘러 변하는 것이다.

콩국수

겨울이 시작되면 콩국수 파는 집을 찾아보기 어렵다.
콩국수를 먹다 보면 여름이 가고,
여름이 가면 콩국수를 먹을 수도 없다.

수도권의 유명한 콩국숫집들은 추위가 가시는 4월경 콩국수를 팔기 시작
해 찬바람이 부는 11월이 되면 장사를 중단한다. 마니아들이 많은 냉면은
겨울에도 제법 사람들에게 인기를 끄는 것과 달리 콩국수는 더위 속에서만
그 존재감을 찾을 수 있는 진정한 여름 음식이다. 전국에서 콩국수를 가장
즐겨 먹는 고장은 전라도다. 전라북도 전주에서 전라남도 목포까지, 콩국수

여름이 아니면 먹을 수 없는

는 여름철 남도 사람에게는 바닷바람이나 대숲 바람 같은 역할을 한다.

같은 듯 조금은 다른 팔도의 콩국수

전주의 콩국수는 일반적인 콩국수와는 조금 다르다. 면발이 밀국수가 아닌 메밀국수소바이기 때문이다. 냉면과 막국수에 쓰이는 메밀국수를 이용한다는 점에서 여름 피서용 음식으로 손색없다. 전주의 소바 콩국수의 탄생 시기는 정확하지 않지만 대략 1960년대 전후로 보는 것이 일반적인 시각이다. 1950년대 중반 전주 남부시장에서 소바 면발에 간장 국물을 말아서 파는 냉소바가 사람들에게 인기를 얻은 후, 간장 국물 대신에 콩물이 들어간 소바 콩국수가 유행한 것으로 추정되고 있다.

전주의 소바 면발은 검게 느껴질 정도로 강한 색을 띤다. 그 진한 갈색 면발이 하얀 콩물과 만나면 흑백사진 같은 강한 콘트라스트를 보여 준다. 먹어 보면 국물도 면발도 모두 달다. 달고 시원한 국물과 면발에서 팥빙수 같은 맛이 난다. 젊은 사람들이 좋아할 맛이고, 실제로 소바 콩국수를 파는 집에는 어린이들과 젊은이들이 많다.

전라도 중심지 광주에 가면 여름철에만 문을 여는 유명한 콩국숫집이 하나 있다. 1970년대 초반에 문을 연 집인데, 광주의 콩국숫집들은 분식 문화가 본격화되는 1960년대 말부터 영업을 시작했다. 분식장려운동의 거대한 물결은 1960년대 이후 전국에 분식 문화를 꽃피웠다. 광주나 목포 같은 전라남도 중심지 주변은 한국의 곡창 지대이자 잡곡의 산지다. 이곳에서 나는 싸고 질 좋은 콩은 밀국수 국물로 인기를 얻었다.

목포에는 유달산 밑에 '유달콩물'이 유명하다. 목포 시내 몇 군데에 '유달콩물'이라는 브랜드를 단 콩물집이 있을 정도로 목포 사람들은 콩물을 사랑한다. 전라도에서는 콩국수를 보통 '콩물'이라고 부른다. 면보다는 국물에 더 많은 방점을 둔 결과다. 목포의 콩물은 순수하고 맑다. 진한 '개미^{남도 고유의 폭 삭은 맛}'로 상징되는 남도 음식의 특징을 콩국수에서는 찾아보기 힘들다. 후텁지근한 장마 뒤의 여름 더위도 목포의 시원하고 깨끗한 콩물 한 그릇이면 들어설 자리 없이 날아가 버린다. 종종 목포의 열혈 콩물 마니아들이 광주의 유명 콩물집에 찾아가 맛을 품평하고 갈 정도로 목포 사람들의 콩물에 대한 애정은 아주 깊다.

경상도 사람들의 콩국수 사랑도 만만치 않다. 여름이면 서울에는 냉면이 성행하고, 부산에는 밀면이 많이 팔린다. 부산에도 콩국수의 강자는 있다. 좌동 재래시장에 자리 잡은 '하가원'의 콩국수는 진하면서도 깨끗하다. '면의 도시' 대구에도 수많은 콩국숫집이 있다. 대구의 납작면이나 건면인 소면을 이용한 콩국수를 주로 내는데, 특이하게 겨울에는 따스한 콩국수를 파는 집도 있다. 면의 다양성과 질에서 대구는 언제나 최상위권에 속한다.

서민들의 친근한 먹거리 콩국

여름이면 많은 사랑을 받는 콩국수지만 정작 콩국수에 대한 기록은 아주 적고 오래된 것도 없다. 가장 오래된 기록은 19세기 말에 쓰인 저자 미상의 조리서 《시의전서》에 "콩을 물에 불린 후 살짝 데치고 갈아서 소금으로 간을 한 후에 밀국수를 말아 깻국처럼 고명을 얹어 먹는다"라는 구절이다. 조리법이 아닌 '콩국수'라는 단어가 직접 언급된 것은 방신영이 쓴 《조선요리제법》이 처음이다. 그러나 이후에도 콩국수라는 말보다는 콩국이라는 말이 더 많이 쓰였다. 전라도의 콩물이라는 말처럼 콩국이라는 말에는 국수사리를 당연히 넣어 먹는 음식이라는 뜻이 포함되어 있다.

콩국수에 대한 기록은 오래된 것이 별로 없지만 콩국에 대한 기록은 오래전부터 있었다. 전한시대에 쓰인 《예기》의 〈월령〉 편에는 "여름에는 콩국을 많이 먹는다"라는 구절이 나온다. 콩의 원산지가 한반도 북부 지역에서 만주에 이르는 지역임을 감안하면 우리 민족의 콩국 문화도 상당히 오래되었음을 쉽게 짐작할 수 있다. 우리나라에서는 고려시대인 1236년 편찬된 《향약구급방》에 "대두즙大豆汁을 끓여"라는 구절에서 '대두즙콩국'이라는 말이 처음으로 등장한다.

콩물을 이야기할 때 조선 중기의 실학자 성호 이익의 이야기는 짚고 넘어갈 만한 가치가 있다. 《성호사설》1763년로 유명한 이익은 18세기 초중반에 안산 성호장으로 내려가 농사지으며 여생을 마친 귀농의 선구자였다. 1735년 그는 성호장에서 삼두회三豆會라는 모임을 결성한다. 그가 농사지은 콩으로 콩죽과 콩나물, 된장을 만들어 그 음식을 먹으며 하루를 즐기는 모임이었다. 이 소박하고 경건한 모임을 죽을 때까지 이어 나갔던 그에게 콩은 "천하다. 하지만 굶주림을 구제하는 데는 콩만 한 것이 없고 《춘추》기원전 5세기경에

벼와 보리가 없으면 민지憫之, 근심할 일라고 했고, 서리가 내려 콩이 죽지 않으면 행지후之, 다행스러운 일이라고 했다"라고 할 만큼 서민들의 생명줄과 같은 식재료였다.

서민들에게 가장 친근한 먹거리인 콩과 그 콩으로 만든 콩국에 밀국수를 말아 먹으며 조선의 농민들은 더운 여름을 이겨 내고 살았다. 한여름의 절기인 유두절과 삼복 날에 밀국수는 빠지지 않는 여름 음식이었다. 닭 국물에 호박을 썰어 넣은 밀국수는 더운밥을 먹기 힘든 여름철에 사람들에게 가장 적합한 시원한 음식이었다.

1970년대 서울 안암동 산동네에 살던 나에게도 콩국수에 대한 추억이 강렬하게 남아 있다. 어머니가 하루 정도 불린 콩을 갈고 고명으로 얹을 호박을 조리하면, 나는 우물에서 물을 길어 온다. 멀리 두레박이 우물에 닿을 때 얕은 소리가 들리면, 조금 뒤에 깊고 어두운 우물 속에서 수박향을 머금은 물 내음이 올라왔다. 그 향그럽고 시원한 우물물에 콩물을 넣어 국물을 만들고, 하얗고 차가운 국수 면발에 초록색이 살짝 감도는 호박을 얹어 먹던 콩국수 맛은 어제 일처럼 선명하면서도 아득하다.

서울에 콩국수를 제법 잘하는 집들이 있다. 여름이 가기 전에 걸쭉한 국물로 유명한 진주회관의 콩국수 한 그릇을 먹어야 나의 여름 나기가 끝난다. 콩국수를 먹다 보면 여름이 가고, 여름이 가면 콩국수를 먹을 수도 없다.

은어

여름 민물고기 중 최고는 맑은 하천에서 잡히는 자연산 은어다.
그렇지만, 그 많던 자연산 은어가
1960년대 공업이 본격화하면서 많이 사라져 버렸다.

초여름은 은어의 철이다. 맑은 하천에서 이맘때 잡히는 은어는 오이향이
나 수박향이 났다. 서유구는 1820년대 쓴 어류지인 《난호어목지》에서 "은구
어銀□魚는 맛이 담백하고 비린내가 나지 않으며 살아 있을 때는 오이와 같
은 향기가 있다. 물고기 중에서도 유별나게 맛이 있는 편이다. 소금에 절이
면 먼 곳에도 보낼 수 있고, 구워서 먹으면 향기가 있으며 맛이 좋다. 큰 것

은 한 자30센티미터쯤 되고, 작은 것은 5~6촌15~18센티미터이다. 여기저기의 개울이나 계류에서 발견된다. 양주군 왕산탕의 은어가 가장 맛이 좋다"라고 적고 있다.

조선 각 도의 풍속과 지리를 기록한 《동국여지승람》1481년을 보면 은어는 한반도 전역, 특히 남쪽 강가에서 흔하게 볼 수 있는 생선이었다. 하지만 1960년대 공업화가 본격화되면서 1급수에 사는 은어가 자취를 감추기 시작했다. 인간의 공격은 집요했다. 광산, 공장에서 흘러나온 폐수가 물을 더럽혔고 다이너마이트 같은 폭약과 배터리를 이용한 전기 충격이 강과 저수지에서 터질 때마다 은어와 민물고기 들은 비명횡사했다.

은어만큼 맑은 생선이 없었다

은어는 주로 이끼를 먹고 자라는 탓에 몸에서 수박향이 은근하게 퍼진다. 은어를 여름 최고의 생선으로 치는 일본인은 지금도 은어의 명산지를 보호하고 있다. 물이 좋으니 경치가 멋지고, 사람들이 몰려드니 지역 주민들이 먹고 산다. 여름이면 은어는 비싼 가격인데도 먹으려는 사람들이 줄을 선다. 교토 계곡의 은어는 지금도 수박향이 난다. 꼬치에 끼어 소금을 살짝 쳐 구워 먹으면 향긋한 향이 일품이다. 그래서 일본인들은 은어를 향기 나는 생선, 즉 향어香魚라고도 부른다.

맑고 좁은 강이 많던 한반도에는 은어의 명산지가 즐비했다. 지금은 섬진강 곡성 부근 정도가 유명하지만 예전에는 안동도 유명했다. "안동 도회소都

會所에서 봉진封進하는 6월 삭선朔膳, 매달 초하루에 임금에게 올리는 음식 진상품 중에서 생은구어는 시기가 다소 일러서 아직 비택肥澤, 살찌고 윤택이 있음하지 않았다."《각사등록》의 〈경상감영계록〉 1842년 5월 15일 자에 나오는 것처럼 안동 은어는 진상품으로 널리 알려진 명품이었다.

1492년 7월 19일 자《조선왕조실록》에 은어는 주로 경상도나 전라도에서 진상했다고 나오는데 "은구어를 어살로 잡은 것 중에서 싱싱하고 좋은 것으로 골라, 얼음에 담그거나 소금을 약간 뿌려서 두세 차례 별도로 보내게 하라"라고 세심하게 지침을 내렸을 정도로 중요한 생선이었다. 하지만 은어는 파주 일대에서도 많이 잡히는 생선이었으므로 멀리서 귀한 얼음에 싣고 오면서 생기는 어려움을 없애 달라는 상소문(조선왕조실록), 1496년 12월 11일이 남아 있을 만큼 조선 각지에서 잡히는 생선이었다.

조선시대에는 은어를 은구어라고 많이 불렀다. 은구어는 입 주변이 하얀 탓에 붙은 이름인데, 도루묵의 별칭인 은어銀魚와 혼동이 빈발하면서 생긴 일이었다.《동국여지승람》,《재물보》에서도 은어를 은구어라 했다.《전어지》와《난호어목지》에는 "주둥이의 턱뼈가 은처럼 하얗기 때문에 은구어라 부른다"라고 기록되어 있다. 은어는 1년을 살기 때문에 연어年魚라고도 부른다.

《지봉유설》1613년에서 이수광은 "은어는 봄에 바다에서 강으로 올라와서 여름과 가을에 살이 찌고 크며 늦가을에는 없어진다. 어떤 사람이 말하기를 이 물고기가 오직 남부 지방의 흐르는 물에서만 살고 있다고 하지만 과연 그런지, 그렇지 않은지는 알 수 없다.《동국여지승람》에는 경기도의 양주,

고양, 파주에서 나온다고 되어 있지만 지금은 드물다. 나는 전라남도 순천에서 한겨울에 이 물고기가 얼마쯤은 남아 있는 것을 보았다. 다만 몸이 바싹 마르고 맛은 아주 떨어진다"라고 적고 있다.

안동의 여름 진미, 은어밥

은어는 조선시대부터 회로 가장 많이 먹었다. 성현의 《허백당집》에는 은어 잡는 모습과 먹는 방법이 자세하게 기록되어 있다.

> 통발을 하류에 받치고 양쪽 옆을 막으니
> 물고기가 떼를 지어 어지러이 퍼덕거려라
> 들쭉날쭉 은빛 턱으로 물결을 요동치니
> 팔짝거리는 노란 비늘이 햇빛에 반짝이네
> 물풀 줄기로 아가미 꿰다가 도마 위에 놓고
> 난도로 가늘게 회 쳐 산초 생강 곁들이어라

조선식 은어회는 가늘게 국수처럼 회를 쳐서 산초나 생강 같이 항생 작용을 하는 것들과 함께 먹었다. 민물고기인 은어는 날로 먹을 때 기생충이 있을 수 있었기 때문이다. 은어는 "입에 넣으면 살살 녹을 정도로 감칠맛이 있는 은어회를 잊지 못합니다. 어렸을 때 하동읍 송림 속에서 은어회를 먹던 일을 생각하면 군침이 돌지요"〈동아일보〉, 1978년 10월 31일라는 기사가 나올 정도로 회를 제일로 쳤다. 하지만 은어를 회로만 먹은 것은 아니다. 조선시대에는 중국 사신들에게 은어로 담근 젓갈이나 식해를 선물로 주기도 했다.

은어 명산지였던 안동에서는 여름이면 은어 달인 물로 만든 건진국수에 은어살을 꾸미로 얹은 은어국수를 먹었다. 지금은 은어국수를 하는 집이 없지만 은어를 밥과 함께 지은 은어밥은 외식으로 남아 있다. 은어의 은근한 향이 밥 사이에 스며들어 감칠맛이 기가 막히다. 달래 간장을 넣고 슥슥 비벼 먹으면 향들의 향연이 벌어진다. 하지만 양식 은어는 물 내음 가득한 자연산 은어의 맛을 따라갈 수 없다.

1971년 6월 24일 자 〈동아일보〉에 실린 기사는 은어가 사라진 이 땅에서 외식 먹거리에 닥친 슬픈 변화를 말해 준다. "창원 지방에서 유명했던 은어는 이미 3년 전부터 자취를 감추기 시작, 이 때문에 창원 진동면과 함안군 대산면 송도나루터의 이름난 은어회집은 이제 장어나 메기 국밥집으로 전업했다." 섬진강 상류 지류인 남원 온천의 명물인 은어, 영덕의 오십천 은어, 울진의 왕피천 은어, 밀양의 차강 은어, 임진강의 은어 들이 사라지면서 우리 초여름 미각의 절정도 사라졌다.

물회

꿀회는 조업 중인 배에서 잡은 생선에
먹다 남은 채소들을 섞어 꿀을 붓고 장으로 간을 해 먹은,
뱃사람들의 삶의 애환이 담긴 거칠고 투박한 음식이다.

날이 더워지면 사람 입맛이 변한다. 기온이 1도 오를 때마다 빙과류와 맥
주의 매출이 급증한다. '맥주의 천국' 일본은 수은주가 1도 오르면 맥주 판
매가 100만 병 늘어난다는 통계도 있다. 여름을 이기는 음식으로는 이열치
열以熱治熱 계열과 이냉치열以冷治熱 계열이 있다. 삼계탕과 보신탕이 이열치열
의 대표 선수라면, 냉면이나 막국수, 콩국수 같은 면 요리는 이냉치열의 국

가 대표다.

이냉치열의 국가 대표 후보로 물회가 급부상하고 있다. 시원한 물회는 어린 시절 먹던 수박화채 같은 음식이다. 에어컨이 없던 시절 여름밤에 온 가족이 둘러앉아 먹던 수박화채는 더위를 식히는 급속 냉각제였다. 맛은 다르지만 물회도 비슷한 역할을 한다.

30대 초반 즈음 포항 출신의 선배와 자주 어울렸다. 인품 좋기로 유명한 그 선배에게 딱 한 가지 불만이 있었는데 회를 한꺼번에 너무 많이 먹는다는 것이었다. 비싼 회가 아까워 한 점씩 먹는 서울 사람과 달리 그는 대여섯 점을 한꺼번에 먹었다. 그러고 나서 툭 한마디 던졌다. "이게 포항 스타일이야." 당시에는 자기변명처럼 들렸다. 그러나 포항에서 물회 먹는 모습을 보고 깨달았다. "그건 확실히 포항 스타일이었군."

뱃사람들의 음식에서 시작된 물회

물회를 상업적으로 대중화한 곳은 포항이었다. 1961년 포항 덕산동에서 허복수 할머니가 물회를 팔기 시작했다. 할머니는 외항 선원인 남편이 물회를 해 먹는 것을 알았다. 뱃길이 길어지면 남편은 고추장과 참기름을 챙겨서 배에 올랐다. 거친 뱃일에 소주도 빠지지 않던 시절이었다. 술 먹고 난 뒤 상품 가치가 없는 생선들을 듬성듬성 썰어 찬물에 넣고 고추장과 참기름을 풀어 해장용으로 먹었다. 포항의 선원이면 모두 알던 물회는 등장하자마자 선원이나 시장 상인에게 커다란 인기를 얻었다.

전남 장흥의 포구마을 회진면에는 '된장물'이라고 불리는 된장물회가 있다. 된장물에 열무김치를 넣고 문절이, 조기, 전어 같은 비린 생선도 넣어 먹는다. 열무김치가 들어가는 탓에 열무김치물회로도 불리는 장흥의 된장물회는 1940년대부터 선원들의 회식 겸 해장용 음식이었음이, 이 지역 노인들의 한결같은 증언이다.

물회는 선원들의 음식에서 지역 음식으로 정착한 뒤, 1990년대 중반 낚시꾼들에게 선보이면서 외부로 알려졌다. 포항과 장흥의 이야기에서 알 수 있듯이, 물회는 장기간 뱃일을 하는 선원들이 만들어 낸 음식 문화다. 포항과 장흥은 물론 동해안의 유명한 물회도 선원들이 배에서 먹던 음식에서 시작되었다.

하지만 제주도는 예외다. 제주의 여름 별식 자리물회는 제주 사람이라면 누구나 즐겨 먹는 음식이다. 제주 자리물회는 된장물을 기본으로 한다는 점에서 바다를 두고 마주한 장흥 된장물회와의 연관성이 거론되고 있다. 동해안의 물회가 고추장을 기본으로 하는 것과는 확연하게 다른 점이다. 자리물회의 주재료인 자리돔은 6~8월이 제철인 작은 돔류의 생선이다. 제주 사람들은 손가락만 한 작은 자리돔을 도토리 키 재듯 세 가지 크기로 구분해서 먹는다. 큰 것은 구이로, 중간 크기는 물회로, 작은 것은 젓갈로 먹는다.

자리돔처럼 여름이 제철인 한치도 제주 사람들이 물회로 즐겨 먹는다. 달보드레한 한치와 구수한 된장은 잘 어울린다. 최근 들어 어랭이노래미의 제주 방언물회도 인기몰이 중이다. 제주의 전통 물회는 된장을 기본으로 하지만 된장을 부담스러워하는 관광객들 때문에 고추장을 사용한 물회도 많이 등장했다.

물회의 대중화를 이끈 포항

포항의 물회 문화는 1990년대 들어서면서 대중화된다. 포항 물회의 주재료는 가자미지만 최근에는 냉동 광어가 많이 사용된다. 10년 전부터는 고추장물에 과일을 갈아 넣어 만든 물회가 등장하면서 젊은이와 대중에게 큰 인기를 얻으며 대세가 되었다.

포항에서 시작된 물회 문화는 동해안을 따라 북상하며 다양해졌다. 포항 바로 위에 있는 감포에서는 물회에 물이나 육수를 붓지 않고 얼음만 몇 점 넣은 비빔물회가 유행이다. 채소와 회, 고추장을 비비면 얼음이 녹으면서 자박한 물회가 된다. 강릉과 속초에 이르는 동해 북부에는 오징어를 기본으로 한 물회와 더불어 모둠물회가 인기다. 오징어와 멍게, 해삼까지 들어간 모둠물회는 이 지역의 특별 조리법이 되었다. 고성 가진항 주변의 물회 역시 유명하다. 모둠물회에 국수사리를 넣어 먹는 방식으로 동해 북부 물회 문화에 많은 영향을 미쳤다.

물회는 여름이 제철이다. 시원한 육수에 매콤한 양념, 감칠맛 나는 여름 생선을 음료수처럼 마시면 더위는 금방 달아난다. 물회의 주재료는 제주도의 자리물회와 한치물회, 울릉도와 속초의 오징어물회, 고성과 포항의 가자미물회처럼 지역에서 나는 제철 생선을 기본으로 한다. 물회는 활어를 이용하는 방법과 선어를 이용하는 방법으로 대별된다. 선어는 활어보다 싱싱함과 탄력은 조금 떨어지지만 감칠맛의 주성분 중 하나인 이노신산이 증가한 탓에 깊은 맛이 난다. 옛날 어부들은 선어보다는 활어를 선호한다.

생선과 더불어 물회를 구성하는 가장 중요한 재료는 장이다. 제주도와 남해안은 주로 된장을 기본으로 한 된장물회를, 동해안은 고추장과 초고추장을 이용한 물회를 먹는다. 드물지만 간장을 이용한 경우도 있다. 물회는 잡은 생선과 먹다 남은 채소를 비벼 물을 붓고 장으로 간한다는 점에서 비빔밥과 비슷하고 탕반 문화의 영향도 받은 음식이다.

물회에 채소가 다양하게 들어간 것은 1970년대 이후 외식화의 결과다. 물회와 유사한 음식으로 냉국창국. 찬국이 있다. 식초와 함께 생선을 넣고 먹는 탓에 남해안에서는 '촛국'이라고도 부른다. 된장과 식초는 맛을 좋게 할 뿐만 아니라 여름철 식중독 예방 효과도 있다.

빙과

한국인들은 비빔밥처럼 무언가 섞어서 먹는 걸 좋아한다.
빙수도 마찬가지로 얼음을 갈아 다양한 토핑을 섞어 먹는다.
올해는 어떤 빙수가 나올까, 매년 여름은 시원한 설렘을 동반한다.

빙과는 얼음에 설탕이나 과즙, 우유나 향료를 섞어 만든 먹거리의 총칭이다. 지금 우리가 즐겨 먹는 아이스크림, 빙수, 아이스케이크아이스케키 혹은 하드는 근대에 일본을 거쳐 들어온 먹거리다. 얼음을 갈아 눈처럼 만들고, 그 위에 다양한 토핑을 올려 먹는 빙수는 1869년 요코하마에 빙수점이 개업하면서 본격화된다. 1887년 빙수 대중화의 일등 공신이 된 빙삭기氷削機가 발명

되지만 빙삭기가 본격적으로 사용된 것은 1920년대 후반의 일이다.

조선 최초의 빙수점

조선에 처음 빙수점이 등장한 것은 19세기 후반이다. 가장 오래된 기록은 1897년 8월 5일 자 〈독립신문〉에 실린 "슈표 다리 빙슈 파는 집에서 빙슈를 사먹는데"라는 구절이다. 1900년 7월 2일 〈황성신문〉에는 '氷水店^{빙수점}'이 한자로 등장한다. 1907년 7월 7일 〈대한매일신보〉 기사에도 나올 정도로 수표교 근처의 빙수점은 상당히 유명했던 것 같다. 당시의 빙수는 지금처럼 얼음을 눈처럼 깎은 뒤에 팥을 올리는 지금의 팥빙수와는 조금 달랐다. 팥을 이용한 빙수인지는 정확하지 않지만 '사탕팟^{사탕팥}'〈동아일보〉, 1933년 9월 6일도 팔았다는 기록이 있는데, 당시에는 팥보다는 과일물을 얹어 먹었다.

'과실빙수'〈동아일보〉, 1920년 8월 7일라는 말도 사용되었다. 당시 가장 인기 있던 과일물은 딸구물^{딸기물}과 파나나물^{바나나물}이었다. 그중에서 최고의 인기 고명은 단연 '샛빨간딸긔물^{딸기물}'이다.

> 사랑하는 이의 보드러운 혀끗 맛 가른 맛을 어름에 채운 맛! 올타 그 맛이다. 그냥 전신이 녹아 아스러지는 것가티 상긋하고도 보드럽고도 달큼한 맛이니 어리광부리는 아기처럼 딸긔탄 어름물에 혀끗을 가만히 담그고 두 눈을 스르르 감는 사람 그가 참말 빙수맛을 형락^{향락}할 줄 아는 사람이다. …… 경성 안에서 조선 사람의 빙수집 치고 제일 잘 가러^{갈아}

주는 집은 내가 아는 범위에서는 종로 광충교^{광교} 엽헤^{옆에} 잇는 환대^{丸大} 상점이라는 족고만^{조그만} 빙수점이다.

종로의 광교와 수표교 주변은 빙수점의 메카였다. 돌리기만 하면 얼음이 자동으로 갈리는 '회전빙조기'는 1930년대부터 본격화된다. 이전에는 '보통 태상빙조기'를 이용했다. 빙수 장사는 5월 초에 시작해서 9월 말까지 이어지는 계절 장사였다. 그 때문에 빙수 장수들은 "겨울에는 고구마 장사, 팥죽 장사, 만주^{만두} 장사, 우동 장사"^{〈동아일보〉, 1933년 9월 6일}로 생계를 이었다.

빙수와 더불어 아이스크림도 인기가 많았다. 아이스크림이 언제 들어왔는지는 정확히 알 수 없지만 대략 1920년대 초반인 것 같다. 아이스크림은 1921년 7월 21일 자 〈매일신보〉에 처음 선을 보인다. 부드러운 아이스크림은 이후 빙수와 함께 여름철 최고의 인기 상품으로 등극한다. 아이스크림과 빙수의 쌍끌이 여름 빙과 시장을 끝낸 것은 1930년대 초 혜성처럼 등장한 아이스케이크, 즉 아이스케키였다.

아이스케키의 등장

아이스케키는 일본식 영어인 '아이스케익'^{〈동아일보〉, 1934년 7월 3일}에서 온 말이다. '아이스케익'은 아이스케이크 혹은 아이스캔디라고도 불렸다. 원래 이름은 '팝시클^{popsicle}'이다. 1905년 미국의 프랭크 에퍼슨^{Frank Epperson}이 개발한 팝시클은 1920년대 중반 이후 대만을 거쳐 일본에 상륙한 후 한반도에 유입된다. 대만에서는 팝시클에 팥을 넣어 먹었다. 팥을 넣은 대만식 팝시클인 기아빙枝仔冰은 단맛이 더욱 강화되었다. 만들기 쉽고 가격도 저렴한 여름 과자 아이스케키는 불티나게 팔렸다. 5월이면 아이스케키를 파는 가게와 노점상은 물론 행상 들이 넘쳐났다.

아이스케키는 1930년대 중반에 본격적으로 한반도에서 유행하기 시작한다. 그러나 아이스케키는 맛은 좋지만 위생에는 문제가 많은 식품이었다. "더운 여름 어린아이들의 큰 환영을 사고 잇는 소위 '아이스케익'(어름에 사탕을 섞어 만든 것)이 모든 미균의 결정체인 것이 판명되었다. 그의 제조와 발매금지의 적용될 법규가 없어 적극적 방지가 곤란한 중에 있으나 그를 최근 검사한 결과로는 그에 포함된 대장균의 세균은 부내의 온갓 불결한 물이 흘러내리는 청계천물에 포함된 세균보다 오히려 좋지 못하다는 것이다."〈동아일보〉, 1934년 7월 3일 그러나 이윤이 좋은 탓에 "특히 근 이삼년래로 총아가 된 아이스케익은 작년에 비하야 부내府內. 서울에만 2배나 증가되고 행상수에 있어서도 도약 2배를 바라보고 있다"〈동아일보〉, 1938년 5월 13일 한다. 행상인들이 급증하자 당국에서는 '행상증'까지 발행하게 된다. 그러나 1939년을 기점으로 전쟁 때문에 설탕 등의 식재료가 부족해지고 전염병 확산을 막기 위해 규제가 심해지면서 아이스케키 열풍은 누그러진다.

아이스케키 열풍이 다시 분 것은 한국전쟁 이후였다. "6.25 후 서울을 비롯한 대도시와 중소도시에는 암모니아로 냉동시키는 아이스케이크점이 부쩍 늘었고 아이스케키통을 메고 목쉰 소리로 외치며 골목을 누비는 소년들

을 흔히 볼 수 있었다. 1960년 당시 인구 250만 명의 서울에 얼음과자집이 293개소"〈동아일보〉, 1961년 9월 11일나 있었다. 1963년 보건사회부에서는 얼음과자 행상을 통제하기 위해 행상기장行商記章을 달게 할 정도였다. 1960년대 말에는 아이스케키에 사용되는 나무막대 때문에 산림청은 '얼음과자 꽂이'에 목재 사용을 금지하는 고시안을 내놓기에 이른다.

아이스케키가 아이스크림으로

아이스케키 시장이 급성장하자 기업들이 본격적으로 뛰어들게 된다. 1962년 반자동식 기계로 처음 생산된 삼강하드가 등장하면서 1967년까지 아이스케키 하드가 시장을 주도한다. 아이스케키, 하드 중심의 시장이 변화하기 시작한 것은 1967년 해태제과에서 아이스크림을 생산하기 시작하면서부터다. 1960년대 후반이 되면 "1개에 50원씩 받는 제과점의 고급 아이스크림은 점잖은 숙녀와 신사들에게 인기이고, 한입도 못될 조그만 것 1개에 5원씩인 노점 아이스크림은 국민학교초등학교 어린이들이 단골"〈매일경제〉, 1967년 7월 14일이라고 할 정도로 빙과류 시장은 아이스크림과 아이스케키로 양분화된다. 아이스케키는 또뽁이, 떡볶이, 눈깔사탕, 멍게 등과 함께 '불량식품'의 대명사였다.

1970년 브라보콘, 1973년에는 고급 아이스크림의 대명사인 투게더가 등장하면서 아이스케키가 주도하던 시장은 아이스크림 시장으로 급변한다. "여름철만 되면 골목길을 누비며 길게 뽑아대던 아이스케키가 질높고 값싸며 종류가 많은 아이스크림에 밀려나 이제는 자취도 없다"〈동아일보〉, 1972년 5월 30일라고 할 정도였다 아이스케키를 파는 행상들은 사라졌지만 아이스케키가 없어진 것은 아니다. 여전히 여름이면 하드라 불리는 아이스케키가 불티나게 팔리고 있다.

앞으로 빙수는 어떻게 진화할까

팥빙수의 인기는 등장한 이후 한 번도 꺾인 적이 없다. 최근 들어 7만 원이 넘는 팥빙수가 등장할 정도로 빙수는 다양한 토핑을 받아들이며 진화, 발전하고 있다. 비빔밥에서 알 수 있듯이 한국인은 먹거리 섞기에 능하다. 팥빙수의 진화의 끝이 어디일지는 아무도 모른다. 그래서 우리들의 여름은 매년 시원한 설렘을 동반한다.

수제비

6세기부터 이어 온 수제비의 생명력은 놀라울 정도다.
밀가루를 대충 반죽해서 국물에 툭툭 뜯어 넣는 수제비에서
간단하고 단순한 것의 힘을 느낄 수 있다.

인생처럼 음식에도 새옹지마塞翁之馬가 있다. 밀로 만든 수제비가 대표적

인 경우다. 밀가루를 반죽해 손으로 떼어 국물에 넣어 먹는 수제비는 밀가

루만 있으면 쉽게 만들 수 있는 간단한 음식이다. 40여 년 전 고향 남해에

서 올라와 서울 보문동 산동네를 전전하며 배고팠던 시절, 나와 우리 8남매

를 키운 데는 수제비도 한몫을 했다. 커다란 솥에 삼천포에서 부쳐 온 멸치

와 다시마, 동네 텃밭에서 키운 애호박을 넣고 끓여 낸 진한 국물에 어머니
는 밀가루 반죽을 툭툭 끊어 넣어 수제비를 만들었다. 부엌에서 연기와 함
께 멸치 국물 향이 솔솔 풍기는 날에는 쫀득한 수제비를 먹었다.

생존을 위한 음식

칼국수처럼 반죽을 제대로 안 해도 되고 모양 낼 필요도 별로 없는 수제
비는 1950~1970년대 도시 빈민들이 가장 즐겨 먹는 일상의 음식이었다. 뻑
뻑한 보리밥보다 감칠맛이 좋고 매끄러운 수제비는 인기가 높았다. 혜화동
이나 강남의 칼국숫집들은 사골 국물에 면발이 하늘거리는 비싼 칼국수를
팔지만, 1960년대 말부터 장사를 시작한 낙원상가 주변의 서민적인 칼국숫
집들에서는 지금도 여전히 수제비와 칼국수를 반반 섞은 음식을 판다. 쌀이
부족하고 저렴한 밀가루가 넘쳐나던 시절, 낙원동 주변 양동의 각시들과 가
난한 노동자들의 생존을 위한 음식의 흔적이다.

생존을 위한 음식으로서의 수제비 먹기는 일제강점기인 1930년대 말부터
시작된 것이다. 1939년 9월 21일 자 〈매일신보〉에는 "주부가 마튼맡은 家庭
報國가정보국 – 쌀을 절약합시다 점심에는 수제비를 뜨는 것도 조흔좋은 한 방
법"이라는 구절이 나온다. 해방 이후 미군의 진주로 밀가루가 구호품으로 풀
리자 "요새 밀가루가 흔해졌습니다. 그래서 식량이 부족한 탓으로 집집마다
밀가루 음식을 해먹게 되는데 대개는 그 맨드는 방법이 일률적이고 또 특별
한 방법이 없이 어느 집이나 한결같이 수제비가 아니면 개떡같이 해먹거나

국수를 해먹는 것이 큰 별식으로 알고 있습니다"〈경향신문〉, 1946년 11월 3일라는 기사도 등장한다. 1960년대 초반에는 "쌀밥이 납작보리밥으로 납작보리밥이 수제비의 대용식으로 변해갔다."〈경향신문〉, 1963년 12월 17일

기품 있는 요리

그러나 1940년대 이전의 수제비는 여름철 별식이었다. 1938년 8월 15일 자 〈동아일보〉에는 "여름 중에도 삼복에 먹는 것으로는 증편, 밀전병 그 외에 수접이라는 떡국이 잇는데 수접이라는 떡은 선조 임진란에 의주에 파천하섯을 때부터 시작되엇다고 전하는 말이 잇으나 어디 기록된 것이 남어잇지는 아니한 모양이며 이깃을 미루어본다면 수접이라는 것은 임진 이후에 생겻다고 할 수 잇습니다. 그러나 그 당시에도 기왕부터 내려온 수단水團이라는 찹쌀가루를 경단같이 동글게 만들어 삶은 후에 어름 꿀물에 동동 떠어먹는 방법이 만들기 쉬운 수접으로 변한 것이 아닌가 합니다. 수접이는 닭국이나 곰국에도 만들어 먹는 때도 잇지만은 보통으로는 미역국에 만히 만들어 먹게 되는 것인데"라는 기록이 나온다.

1943년에 조자호가 쓴 《조선요리법》에는 수제비 조리법이 나온다.

> 닭을 잡아서 끓는 물에 튀해서 털을 뜯고 대가리와 발을 자르고 배를 갈러 내장을 끄내서 창자만 버리고 다른 것은 정히 씻고 닭도 정히 씻어서 푹 삶어 건저서 살만 잘게 찢어 갖은 양념을 해서 도로 국물에 넣고 내

부도 자잘하게 썰어 놓습니다. 국물을 넉넉히 붓고 미역도 줄거리는 떼고 잎사귀만 자잘하게 찢어넣고 끓이다가 밀가루에다가 계란을 깨쳐넣고 후추가루를 조금만 넣고 간장을 조금처서 반죽을 조금 지룩하게 해서 주걱에다 얇팍하게 느러놓고 숟가락 같은 걸로 가늘게 처서 넣고 끓어서 위로 뜨면 다된 것이니 그때 대접에 뜨십시오.

1943년에 나온 책이지만 수제비의 제조법을 보면 쌀 대용식이라기보다는 기품 있는 요리 같다.

수제비는 중국에서 시작된 음식이다. 당송 8대가 중 한 명인 송나라의 구양수가 지은 《귀전록》에는 "탕병湯餠을 당나라 사람들은 불탁不托이라 불렀는데 지금 세상에서는 박탁餺飥이라고 부른다"라고 적고 있다. 송나라 때 정대창이 지은 《연변로》에는 "탕병은 박탁 혹은 불탁이라 하는데 불탁이라는 말은 손에 의지하지 않는다는 의미다"라고 적고 있다.

박탁은 얇게 반죽한 밀가루를 말하고, 불탁은 밀가루 반죽을 손으로 떼어 내는 것이 아니라 도마를 사용한 것을 의미한다. 불탁은 6세기 중국의 산둥 지역과 한반도 음식 문화를 기반으로 쓰인 《제민요술》에 등장할 정도로 오랜 조리법이다. 밀가루를 반죽해서 탕에 넣기만 하는 것을 감안하면 불탁이 밀가루를 이용한 화석 같은 음식인 것이 조금도 이상하지 않다.

'슈져비'라는 단어는 1517년 최세진이 지은 《사성통해》에 처음 등장한다. 슈져비, 수접이, 수제비는 '손으로 접은 것'이라는 뜻으로 박탁이나 불탁과

같은 의미를 가지고 있다. 1460년에 어의 전순의가 쓴 《식료찬요》에는 "우엉 분말로 수제비餺飥를 만들어 된장 국물에 넣고 삶아 먹는 곰국"이라는 표현이 나온다. 1527년 최세진이 지은 한자 학습서 《훈몽자회》에는 박탁이 나오는데 이를 수제비의 옛말인 '나화'로 풀이하고 있다. 수제비는 구름과 닮았다 해서 운두병雲頭餅이라고 불리거나《조선무쌍신식요리제법》, 1924년, 물고기가 뒤섞여 있다는 의미로 영롱발어玲瓏撥魚나 산약발어山藥撥魚라고도 불렸다.《산림경제》, 16세기 말

　한식이라고 부르는 음식이 몇 백 년을 넘기지 못하는 것을 감안하면 6세기부터 이어 온 수제비의 생명력은 놀랍다. 세월 따라 유연한 변화를 보이면서도 오랫동안 살아남은 간단하고 단순한 것의 힘을 수제비 한 그릇에서 느낄 수 있다.

깍두기

젓갈의 감칠맛과 소금의 짠맛,
고춧가루의 매운맛과 설탕의 단맛.
이 모든 맛의 조화가 깍두기에 담겨 있다.

소금에 무를 절인 음식은 일본이나 중국에도 오래전부터 있었다. 하지만 젓갈과 고춧가루를 사용한 김치인 깍두기는 한국인이 만든 것이다. 깍두기는 채소 다루는 법의 결정체다. 배추가 김치의 주역으로 본격화되는 20세기 이전에는 무를 주로 먹었다. 무에 젓갈이 사용되고 고춧가루가 들어가면서 깍두기가 완성된다. 18세기 중엽에 쓰인 것으로 추정되는 《춘향전》에 깍두기라는 말이 처음 등장한다. 조리서 중에서는 《조선요리제법》^{1917년 판}에 처음 나온다.

> 깍둑이무우나 혹 외오이를 골패짝만큼식 써으러 그릇에 담은후 고초 마늘 파를 잘게 일여넛코 새우젓국으로 간을 맛치고 오래동안 쥬믈러석거 가지고 항아리에 담은후 물을 조곰만치고 뚝게^{뚜껑}를 덥허두나리라.

1924년에 이용기가 쓴 《조선무쌍신식요리제법》에는 깍뚜기와 외깍뚜기, 햇깍뚜기, 채깍뚜기, 숙깍뚜기 조리법이 나오는데 굴깍뚜기를 제외한 다른 깍뚜기에는 설탕이 들어간다. 이는 1920년대 중반 이후 본격적으로 음식에 설탕을 넣는 문화가 시작되었음을 보여 준다. 당시 설탕은 선진국과 후진국을 나누는 기준이었다. 설탕 소비가 많은 유럽과 미국의 식문화를 좋은 모델로 상정한 후 일본 유학파들을 중심으로 음식에 설탕을 넣은 조리법이 신문과 잡지에 소개된다.

20세기 이전의 조리서에는 설탕이 전혀 등장하지 않지만 1917년에 간행된 《조선요리제법》에는 꿀, 엿과 함께 설탕이 등장하기 시작한다. 1920년 서울에 24개에 불과하던 설렁탕집이 몇 년 만에 100여 개로 폭증하면서 매콤하고 달달한 서울식 깍두기는 외식에 빠질 수 없는 반찬이 되었다. 1930년대 말에 영업을 시작한 '하동관'의 숨겨진 조연이 달달하고 시원한 '깍국^{깍두}기 국물'임을 단골들은 잘 알고 있다.

종류도, 모양도 다양한 깍두기

깍두기하면 무깍두기를 연상하지만 다양한 깍두기가 존재한다. 조자호가 1939년에 쓴 《조선요리법》에는 배추통깍두기, 굴젓무깍두기, 조개젓무깍두기, 오이깍두기 조리법이 나온다. 임신부가 먹는 정사각형의 정깍두기도 있고, 이가 안 좋은 노인들을 위한 숙熟깍두기도 있다. 《조선요리제법》에는 "무를 삶아서 오푼 장광으로 두푼 윤두로 썰어서 다른 깍두기에 넣는 약법대로 만들어 넣어 섞어서 항아리에 담았다가 익은 후에 먹나니 노인을 위해서 매우 적당하니라" 하고 숙깍두기 만드는 법이 나와 있다. 심지어 수박껍질로 만든 수박깍둑이와, 고기를 먹지 않는 스님들이 많이 먹는, 젓국이 들어가지 않는 소깍둑이〈동아일보〉, 1931년 9월 2일도 있다.

궁중에서는 아주 작은 크기로 네모반듯하게 썬 '송송이'를 사용했다. 중간 크기의 무는 가운데를 쪼개고 큰 무는 '열 십十' 자로 쪼개 만든 두쪽깍두기, 자잘한 무로 만드는 통깍두기(《월간 여성》, 1940년 11월 1일)도 있었다. 깍두기는 네모반듯한 것만이 아니라 다양한 형태로 존재했고, 커다랗게 썰어 놓은 지금의 섞박지와 비슷한 깍두기도 있었다.

깍두기의 유례에 관한 일화로는 정조의 사위인 홍현주의 부인이 '각독기刻毒氣'를 임금님에게 올린 후 공주로 낙향한 탓에 공주깍두기가 유명하다는 이야기가 있다.홍선표, 〈동아일보〉, 1937년 11월 10일 물론 근거 자료가 없는 이 내용을 그대로 믿기는 어렵다.

빨간 깍두기의 탄생

깍두기는 언제부터 먹었던 것일까? 18세기 중반에 이름이 등장하는 것을 봐서는 그 이전에 먹은 게 확실해 보인다. 《조선무쌍신식요리제법》에는 깍두기 옆에 '무젓', '젓무', '紅菹홍저'라고 병기해 놓았다. 젓무는 1800년대 말엽에 지어진 《시의전서》에 그 조리법이 나온다. 물론 깍두기 조리법과 같다. 서울의 깍두기는 감동젓무 혹은 감동젓으로 불렸다. 작은 새우로 담은 감동젓이 들어간다고 해서 붙은 이름이다.

깍두기의 원형으로 생각되는 또 다른 음식은 섞박지다. 섞박지는 배추와 무가 함께 들어가는 것을 말하기도 하지만, 기본적으로 젓갈을 사용하고 무가 중심이 된 음식이다. 김정국이 쓴 《사재집》에는 "자하젓과 오이로 섞박지

交沈菹, 교침저, 일명 감동겸"를 만든다는 내용이 등장한다. 섞박지가 감동젓, 즉 자하새우 젓갈로 담근 김치임을 알 수 있다.

《조선시대 김치의 탄생》박채린, 민속원, 2013년에는 16세기와 17세기에 젓갈을 넣은 섞박지에 대한 기록이 여럿 등장한다. 하지만 19세기 이전까지 교침저 혹은 섞박지는 젓갈과 소금만 넣어 만들었다. 한국의 배추김치와 마찬가지로 깍두기나 섞박지는 19세기 들어 본격적으로 고추가 사용되고 다양한 식재료가 들어가면서 풍성해진다. 오랜 기록에서 알 수 있듯이 젓갈이 들어간 깍두기는 지역에 상관없이 양반가를 중심으로 먹던 귀한 음식이었다. 19세기 이전까지 젓갈은 상당히 비싼 식재료였기 때문이다.

감칠맛, 짠맛, 매운맛, 단맛

깍두기는 서울이 가장 유명했다. "가자매가자미식해, 이것은 함흥요리인데 서울 깍둑이와 비슷한 반찬입니다"(동아일보), 1934년 1월 3일라고 비교할 정도였다. 부산에는 '서울깍두기'라는 오래된 해장국집이 여전히 성업 중이다. 깍두기는 겨울에만 먹던 음식이 아니었다. 사시사철 무만 있으면 담글 수 있는 탓에 외식 반찬의 주역으로 집에서도 언제나 먹는 음식이었다.

윤서석은 《한국음식》수학사, 1984년에서 "겨울 깍두기는 크고 두껍게 썰고 봄 깍두기는 보다 얇게1센티미터 가량 썬다. 여름의 깍두기에는 새우젓을 넣지 말고 소금간만으로 담백한 맛을 내어 담그면 깨끗하다"라고 설명하고 있다.

네모난 모양의 아삭거리는 깍두기를 싫어하는 한국인은 거의 없다. 사각

사각 씹힐 때마다 단맛이 나는 무즙이 배어 나온다. 젓갈의 감칠맛과 소금
의 짠맛, 고춧가루의 매운맛과 설탕의 단맛이 적절하게 섞인 작은 깍두기
한 점에 수백 년을 거치며 만들어진 한국인의 음식 문화가 고스란히 담겨
있다.

냉국수

냉면과 거의 같은 음식인 막국수,
함흥식 냉면이 부산의 국수 문화와 만나 만들어진 밀면,
밀가루 냉면을 만들다가 실수로 탄생한 쫄면,
중국식 조리법과 한국의 국물 문화가 결합된 중국냉면.

냉면冷麵 하면 동치미 국물에 메밀국수를 넣어 먹는 평양냉면이나, 고구마 또는 감자 녹말에 밀가루를 섞어 만든 함흥냉면을 떠올린다. 그러나 차가운 면이 두 가지만 있는 것은 아니다. 《동국세시기》1849년에는 여름 시식으로 "밀로 국수를 만들어 청채와 닭고기를 섞고 백마자탕白麻子湯, 참깨탕에 말아 먹는다. 또 미역국에 닭고기를 섞고 국수를 넣어 물을 약간 쳐서 익혀 먹는다"라고 소개하고 있다.

평안도 사람들은 주로 겨울에 메밀국수를 먹었지만 대부분의 면은 여름 별식이었다. 고려 말기의 문인 이색은 보리 수확철인 음력 6월을 "향기로운 밀국수 번드르르하구나"라고 읊었다. 그의 문집에는 밀가루 면을 시원한 얼음 육수에 넣어 먹는 기록이 여러 번 나온다.

음식에 깊은 관심이 있던 정약용은 〈무더위 30운〉이라는 시에서 "차가운 음식 국수素麪가 탐이 난다면, 이슬에 누워 비단을 물리친다네"라고 적고 있다. 이를 통해 당시 일본식 국수인 소면을 여름에 차게 해서 먹었음을 알 수 있다. 법정 스님은 여름이면 시냇가 찬물에 국수를 헹구어 아무런 간 없이 먹는 맹물국수를 드셨다고 한다. 국수로 유명한 안동에서는 여름이면 국수를 삶아 찬물에 씻어서 먹는 시원한 건진국수를 먹었다. 여름이 제철인 수박향 나는 은어를 달여 그 국물에 국수를 넣은 은어국수는 여름 국수의 정점이었다.

냉면과 인연이 깊은 차가운 면들도 많다. 냉면과 거의 같은 음식인 막국수와, 함흥식 냉면이 부산의 국수 문화와 만나 만들어진 밀면, 밀가루 냉면을 만들다가 실수로 탄생한 쫄면에, 중국식 조리법과 한국의 국물 문화가 결합된 중국냉면도 있다. 한국인은 국물의 민족답게 일본이나 중국과는 확연하게 다른 시원한 육수에 졸깃하고 개운하고 차가운 국수를 넣어 먹으며 여름을 보냈다.

막국수

막국수는 평양냉면의 한 종류이자 화전민들의 별식이었다. 1930년대 평양에서는 겉껍질을 제거한 하얀 메밀 속으로 만든 것을 '국수', 겉껍질이 포함되어 검은색이 감도는 국수를 '막국수'라고 불렀다.〈매일신보〉, 1934년 7월 13일 일제강점기에 100만 명이 넘던 화전민들에게 메밀은 중요한 식재료였고, 이들은 이것으로 막국수를 만들어 먹었다. 강원도의 막국수는 1960년대부터 화전민들이 본격적으로 정리되면서 외식으로 등장한다. 하지만 1940년대 시작한 막국수 식당들이 지금도 남아 있을 정도로 막국수를 먹는 문화는 오래되었다.

막국수는 겉껍질을 그대로 사용하는 문화가 강한 영동지방 방식과, 하얀 속살로만 국수를 만드는 영서지방 방식으로 크게 나뉜다. 육수는 동치미 국물을 가장 많이 사용하지만 김치 국물, 간장 국물, 쇠고기 육수 등 다양한 방식이 혼재되어 있다. 1970년대 이후 소양강 댐 개발에 참여한 노동자들과 강원도에서 군 생활을 한 제대 군인들을 통해 소문이 나면서 막국수는 강원도를 대표하는 차가운 면 요리가 되었다.

콩국수

냉면이 겨울 음식이었다면 콩국수는 여름 별식이었다. "여름을 탄다", "더위 먹었다"라고 말하는 증세를 한의학에서는 서중이라 하는데, 밀국수와 콩국이 도움이 된다는 게 한의사들의 견해다. 1460년에 어의 전순의가 편찬한

《식료찬요》에는 "서중을 치료하려면 밀가루로 만든 국수를 찬물에 넣어 먹는다"라고 나온다. 19세기 말에 쓰인 한글 조리서인 《시의전서》에는 "콩을 물에 불린 후 살짝 데치고 갈아서 소금으로 간을 한 후에 밀국수를 말아 깻국처럼 고명을 얹어 먹는다"라고 콩국수 만드는 법이 나온다.

콩국수라는 말은 20세기 이전 문헌에서는 찾아볼 수 없고 그 전에는 콩국이라는 말을 사용했다. 호남 지방에서는 콩국을 콩물이라고 부른다. 오랫동안 콩국의 주재료는 노란콩이었지만 2000년대 들어서면서는 검은콩이 건강에 좋다는 인식이 퍼지면서 검은콩국이나, 노란콩국과 검은콩국을 섞어서 사용하는 집들도 생겨났다. 경상도에서는 콩국수에 소금을 넣어 먹고 전라도에서는 설탕을 넣어 마시는 것도 색다르다.

소바 콩국수

전주 일대에서는 소바면을 콩국에 넣어 먹는 소바 콩국수가 여름 별식으로 유명하다. 1950년대 남부시장에서 시간을 절약하기 위해 소바를 쯔유 국물에 말아 판매한 데서 시작해 콩물을 넣는 문화로 변화, 발전한 음식 문화다. 옛날 방식으로 멸치 육수에 간장과 설탕으로 맛을 낸 시원한 국물에 소바를 넣어 먹는 냉소바 문화도 남아 있다. 소바 콩국수는 메밀 겉껍질이 많이 포함된 소바메밀에 밀가루 등을 섞고 설탕을 넣어 단맛이 나는 면발이다. 국물에 콩가루나 땅콩가루를 넣으면 고소한 맛이 단맛과 함께 난다. 단맛이 강해서 팥빙수 한 그릇을 먹는 기분이 드는 독특한 음식이다.

밀면

밀면은 한국전쟁이 낳은 남북한 국수 문화의 결합체다. 함경도 출신의 실향민이 1950년대 말에 함경도식 국수를 부산의 기후와 재료 특성에 맞춰 변형한 것이 밀면이다. 함경도에서 국수를 만들 때 사용하던 감자녹말을 구하기 어려운 상황에서 당시 미국의 원조로 가장 흔했던 밀가루와 고구마녹말을 7 대 3으로 섞은 냉면이 만들어지자 실향민과 현지인 모두에게서 커다란 인기를 얻었다. 초기에는 밀면을 밀냉면, 경상도냉면, 부산냉면이라고 불렀다.

1960년 말에서 1970년대 초반에 밀면은 100퍼센트 밀가루로 만든 면이 나오고 한약재를 넣은 달달한 국물이 나오면서, 함흥식 냉면에서 탈피해 그만의 정체성을 지닌 밀면으로 거듭난다. 1970년대 분식장려운동이 본격화될 무렵 밀면은 커다란 인기를 얻게 되고 때마침 등장한 밀면 뽑는 기계 덕에 밀면이 대중화된다. 기계가 등장하기 전에는 면에 방부제를 넣어서 기피하는 사람들이 많았다. 기계식 밀면은 지금도 많이 나오는데 손으로 반죽한 면을 기계로 뽑아내는 '수제기계밀면'을 말한다.

쫄면

쫄면은 분식점 전성시대의 산물이다. 분식장려운동으로 인천 인현동 축현초등학교 사거리에는 20~30곳의 분식점이 성행이었다. 1970년대 초반 인천 경동에 있던 광신제면에서 밀가루 냉면을 만들다가 우연히 굵은 면이 나온 것을 분식점 골목에서 음식으로 개발했다. 굵고 쫄깃한 면발 때문에 쫄면이라는 이름이 붙었다. 매콤하고 달콤한 소스와 시원하고 매끈한 면발에 오이, 양배추, 콩나물 같은 채소를 넣으니 달고 개운한 맛이 더해져 학생들에게 폭발적인 인기를 얻으며 인천의 여름 음식으로 자리 잡았다.

중국냉면

중국냉면은 한국 화교들이 만든 음식이다. 중국에는 찬 국물에 국수를 말아 먹는 경우가 없다. 가장 비슷한 음식은 량몐凉麵이나 간반몐乾拌麵으로 일종의 차가운 비빔국수다. 중국냉면이 언제 개발되었는지는 명확하지 않지만 1962년 9월 25일 자 〈동아일보〉에 "중국냉면으로 저녁을 먹었다"라는 구절이 나오는 걸로 보아 이미 1960년대에 개발된 것으로 추정된다. 1979년에 발간된 《현대세계요리백과》에는 중국냉면 만드는 법이 나온다. 중국냉면은 1980년대부터 호텔 중식당에서 여름 별미로 판매되었다. 소금과 간장으로 간을 하고 땅콩소스와 겨자를 넣어 고소하고 새콤한 맛을 내는 게 공통적인 특징이다.

추어탕

추탕은 고된 농사일에 지친 농부들의 보양식이었다.
서울식 추어탕은 미꾸라지 형태를 유지하는 반면,
지방에서는 미꾸라지의 형태를 없애는 것이 일반적이다.

더운 기운 사이로 간간이 찬바람이 불면 어느새 가을이 성큼 다가온다. '가을 추秋' 자를 단 추어鰍魚는 예부터 가을의 먹거리였다. 진흙 속에 몸을 박고 사는 미꾸리미꾸라지는 천변이나 저수지, 혹은 벼에 물을 댄 천적이 없는 논이 천혜의 서식지였다. 또한 농부들에게는 미꾸리가 고된 농사일에 대한 보상이었다. 가을 추수 직전에 살이 가장 많이 오르는 미꾸리로 끓인 추탕은 농부들의 보양식이었다.

농업국이었던 대한민국은 1960년대 이후 급격하게 산업사회로 바뀌었다. 벼 생산력 증대를 위해 논에는 비료와 농약을 뿌렸다. 논과 저수지 천변이 오염되자 미꾸리는 살 수 없었고 농약을 먹고 살아남은 미꾸리는 사람들이 먹을 수 없었다. 자연산이 대부분이었던 몸통이 둥근 미꾸리는 몸통이 납작해 '납작이'라 불리던 미꾸라지로 바뀌었다. 양식에 적합하고 미꾸리보다 성장이 월등히 빠른 미꾸라지는 미꾸리가 2년 걸려서 성장할 몸을 1년 만에 키운다.

그렇다고 미꾸리가 완전히 사라진 것은 아니다. 소수의 미꾸리는 전통과 맛이라는 명분으로 '지수식' 논이나 인공 양식장인 '시설식'에서 자라나 미꾸라지의 홍수 속에서도 살아남았다. 미꾸리는 "집근처에서 밥물 먹고 자란 미꾸라지나 말미꾸라지라는 큰 것은 먹지 않고 기름진 작은 미꾸라지미꾸리를 애용했다"《매일경제》, 1981년 10월 5일라고 한다.

미꾸라지 형태를 유지하느냐 그렇지 않느냐 그것이 문제로다

추어에 대한 기록은 고려시대 말 송나라 사신 서긍이 쓴 《고려도경》에 등장한다. 1610년경에 쓰인 《동의보감》의 〈탕액편〉에서는 한자 '鰍魚추어'와 한글 '꾸리'가 나온다. 19세기 초 《난호어목지》에는 시골 사람들의 별미로 밋구리죽이 언급되고, 선조 때1850년경 실학자 이규경이 쓴 《오주연문장전산고》에는 '추두부탕鰍豆腐湯'이 등장한다. 추두부탕은 주로 성균관 인근에 살던

반인泮人, 백정들의 별식이었다. 조선시대 걸인 조직인 꼭지들이 청계천 부근에서 추탕을 독점해서 팔았다는 이야기도 전해져 내려온다. 추어탕은 서민음식이었다. 미꾸리나 미꾸라지로 끓인 추탕^{추어탕}은 전국에 걸쳐 나타난다.

지금은 남원 추어탕이 유명하지만 일제강점기에는 서울 추어탕이 더 많이 알려져 있었다. 서울의 추탕은 "미꾸라지 산 놈을 찬두부모와 함께 국에 넣고 불을 지펴 미꾸라지가 뜨거움을 피해 두부 속으로 들어간 채로 국을 끓이는 추탕두부국과, 미꾸라지를 푹 삶아 즙만 내어 쇠양을 넣고 다시 곰한 미꾸라지 곰국"《매일경제》, 1981년 10월 5일 두 가지가 있었다.

서울식은 미꾸라지 형태를 유지하는 것이 기본이었다. 반면 지방에서는 미꾸라지의 형태를 없애는 것이 일반적이다. 경상도에서는 미꾸라지를 푹 끓여 낸 국물에 배추 우거지를 넣고 산초로 맛을 낸 추어탕을 먹고, 남원으로 대표되는 전라도식은 미꾸라지를 푹 고아 형태를 없애는 점은 경상도식과 비슷하지만 푸성귀, 시래기, 된장, 파, 들깨즙을 넣고 마지막에 산초로 매운맛을 내는 것이 큰 특징이다.

형제주점과 황추탕집

일제강점기의 서울 추탕집은 선술집과 비슷한 형태였다. 추탕집에서는 반드시 막걸리를 팔았다. "저녁에 하다 못하면 兄弟^{형제}추어탕집에 가서 선술이라도 한잔 먹어야지"《별건곤》, 1929년 12월 1일라고 쓸 정도로, 추탕 먹은 기록만큼 막걸리 마시러 추탕집 들락거린 이야기가 흔하게 등장한다. 추탕의 전설로 남은 형제추탕집의 정식 이름이 오죽하면 '형제주점'이었겠는가.

1920년대 서울에서 가장 유명한 추탕집은 화개동 황추탕집이었다. 황추탕집은 여름에는 영업하지 않았다. 1927년 황추탕집이 영업을 개시하는 날 잡지 《별건곤》의 기자는 이틀간 '추탕집 머슴체험'을 한다.

> 秋추 8월 그믐께 서늘 바람나고 더위 물너간물러간 바로 곳치요끝이요 녀름여름내 휴업했다가 이 가을철이 잡어 들어오자돌아오자 다시 개업한 바로 첫날이엇습니다. 가을 오면 아마 이 추탕미꾸리탕을 퍽이나 그리워하는 모양 같습니다. (《별건곤》 9호, 1927년 10월 1일)

1930년 동대문 밖에 황추탕집에 견줄 만한 '형제주점'이 영업을 시작한다.

> 형제추탕집은 1920년대 말 종로 5가에서 이사온 선산 김씨 다섯 형제들이 동대문 밖 신설동 경마장당시는 경기 고양군 숭인면 신설리 옆에 문을 연 노포였다. 처음에는 옥호 없이 막걸리와 추탕을 팔았는데 주위에서 형제추탕집으로 부르자 1930년대에는 유명 추탕 형제주점이라는 간판까지 달게 된다. 이 형제추탕집은 60년대 중반 문을 닫았다. ("정도 600년 서울 재발견", 〈동아일보〉, 1993년 7월 29일)

형제주점은 등장하자마자 장안의 화제를 모으며 유명해진다. 1940년대 후반에는 신문에 대대적인 광고를 할 정도였다. 형제주점에서 일한 정부봉 씨가 1930년 가을 독립해 신설동 추탕집을 낸다. 가게 이름도 없이 시작했지만 주인 얼굴의 특징을 따라 자연스럽게 '곰보추탕'으로 불리게 되었다.

1960년대 추탕 끓이는 법을 보면 한결같이 쇠고기양지머리 또는 양로 국물을 뽑고 추어와 함께 두부를 넣었다. 서울 명물인 장국밥과 설렁탕의 기본이 되는 쇠고기 국물을 추탕에도 사용한 것이다. 일제강점기에는 추탕이라는 말을 주로 사용했지만, 1970년대 이후에는 추어탕으로 바뀌었다. 추어는 맛도 좋지만 본초학에서는 "배를 덥히고 원기를 돕고 술을 깨게 하는" 효과가 있는 약선 재료로 취급받았다. 서울의 두부추탕은 중국의 옥함니玉函泥와 비슷한 요리라는 설도 있다.홍문화 교수, 《경향신문》, 1974년 9월 16일

서울과 달리 지방의 추어탕 외식 문화는 1950년대 후반에 시작된다. 경상도식 추어탕을 대표하는 '상주식당'은 1957년 문을 열어 같은 장소 같은 집에서 오늘날까지 영업하고 있다. 추어를 갈아 내고 배추를 넣어 먹는 경상도식 추어탕 문화가 화석처럼 남아 있는 곳이다. 전국에서 가장 유명한 추어탕 고장 남원에서 추어탕 외식 문화를 선도한 '새집'은 1959년 영업을 시작한다. 남원에는 50개가 넘는 추어탕 전문점이 영업하고 있다.

최영년이 쓴 《해동죽지》1925년에는 황해도 연백 추어숙회에 대한 기록이 남아 있다. "황해도 연백 지역에서는 상강 무렵에 두부를 만들 때 두부가 다 엉켜서 굳어지기 전에 미꾸라지를 넣어 두부모를 단단하게 만든 후 난들난들하게 썰어서 생강과 산초가루와 밀가루를 풀어 익혀 먹으면 그 맛이

퍽이나 감활^{甘滑}하다고 했다. 아마 이것이 숙회의 일종인 듯하다"라는 내용이다.

일세를 풍미한 식도락가 조풍연 선생에게 "서늘한 바람이 부는" 가을은 "음식점 포스터에 추어탕 개시가 나붙는" 계절이었다.

전어

여름이 지나고 가을이 되면
전어는 몸에 살집이 오르고 기름기가 낀다.
"집 나간 며느리도 돌아오게 한다"는 바로 그 전어다.

바다에서 가을 생선이 잡히기 시작한다. 언제부터인가 전어는 가을을 대표하는 생선이 되었다. 대한민국 바다치고 전어 안 잡히는 곳이 없지만 최근에는 남해안 전어가 각광을 받고 있다. 자연산 전어도 즐겨 먹지만 10년 전부터는 양식산 전어가 대도시의 가을 식탁을 풍성하게 하고 있다. 현재 전어 양식이 가장 성행한 강화도는 오래전부터 강화 전어로 유명한 곳이다.

양식산 전어는 대개 9월 중순 이후부터 시중에 판매된다. 길이가 15센티미터는 되어야 상품 가치가 높아지는 전어의 특성 때문이다. 전어만큼 시기, 크기에 따라 맛과 먹는 방법이 달라지는 생선도 없다. 크지 않은 몸통 덕에 1년생으로 아는 이들이 많지만, 전어는 6년 이상을 사는 다년생 생선이다. 자연산 전어는 부족한 먹이와 높은 활동성 때문에 1년이면 11센티미터 전후, 2년이면 16센티미터, 3년생은 18센티미터 정도 크기다. 드물게는 30센티미터까지 자라는 것도 있다.

전어는 봄에서 여름 사이에 산란을 한다. 산란 직후의 전어는 "개도 안 먹는다"라는 말이 있을 정도로 맛이 없다. 알에 모든 영양이 가는 생선의 공통된 특징이다. 여름이 지나고 가을이 되면 전어는 몸에 살집이 오르고 기름기가 낀다. 11월까지 연안에 있다가 놈들은 이내 한반도의 바다를 떠나버린다.

가을 전어가 우리 음식 문화에 가을을 대표하는 생선으로 등장한 것은 생태적 순환의 자연스러운 결과다. 태어난 해가 달라 크기가 들쭉날쭉해도 순환 주기는 일정해서 큰 놈이든 작은 놈이든 몸의 상태는 같은 법이다. 다만, 클수록 뼈가 더 억세다. 전어를 통째 썰어 먹는 이른바 '뼈꼬시'를 최고의 맛으로 치는 전어 마니아들이 제법 있지만, 큰 전어는 억센 가시가 있어 통째 먹기가 힘들다. 뼈꼬시를 좋아하는 이들이라면 9월 중순 전, 시장에 나오는 1~2년산 자연산 작은 전어를 먹는 것이 좋다. 이후에는 몸집은 좀 커도 가시는 연한 양식산 전어를 뼈꼬시로 먹을 수 있다.

집 나간 며느리도

돌아오게 한다는

전.어.구.이

전어의 기름기와 살집을 만끽하고 싶은 사람들은 9월 중순 이후에서 10월 말까지 제맛을 내는 15센티미터 이상의 자연산 전어구이를 먹는 것이 제격이다. "집 나간 며느리도 돌아오게 한다"는 전어 맛은 구이에서 온 것이기 때문이다.

그런데 대도시의 대중적인 전어 전문점에 가 보면, 전어 굽는 냄새 때문에 며느리는 돌아올지 몰라도 그 맛은 다시 집을 나가고 싶을 정도로 좀 처참하다. 전어 냄새를 맡고 밀려든 손님들 때문에 전어는 센 불에 급하게 구워져 나온다. 지느러미와 꼬리는 숯덩이처럼 검게 타 버리고 속은 익지 않은 전어의 몸은 푸석한 인조고기를 먹는 맛이 난다. 센 불에서 멀리 구워야 한다는 굽기의 기본 원칙은 난장판 같은 식당에서 찾아보기 힘들다. 더군다나 전어구이에서 최고 미각을 선사하는 내장 부위 역시 촉촉함 대신에 마른 식감만 되돌아온다.

돈을 생각하지 않고 사 먹는 생선

"전어는 머리에 깨가 서 말"이라는 말은, 머리에서 내장까지 이어진 부드럽고 쌉싸래한 내장과 고소한 기름기의 뱃살이 조화를 이룬 절정의 미각을 표현한 말이다. 조선 후기의 문신 서유구는 1820년경에 쓴 어류 박물지《전어지》에서 전어를 "기름이 많고 맛이 좋아 상인들이 염장하여 서울에서 파는데, 귀한 사람이나 천한 사람이나 모두 좋아해 사는 이가 돈을 생각하지 않아 전어錢魚라 했다"라고 적고 있다. 전어라는 말이 '돈을 생각하지 않고 사 먹을 정도로 비싸고 맛있는 생선'이라는 말에서 온 것이다.

전어는 1530년 간행된 국가 편찬 지리서 《신증동국여지승람》 같은 문헌에 등장할 정도로 꽤 오래전부터 먹어 온 생선이다. 기름기가 많은 특성상 서울 같은 내지에서는 염장한 후 구워 먹거나 찌개로 끓여 먹었고, 내장은 '전어창젓' 혹은 '전어밤젓'으로 불리는 젓갈로 만들어 먹었다. 지금같이 전어를 회로 먹거나 갓 잡은 것을 소금구이로 먹는 것은 근대 이후 나온 방식이다. 계절적인 탓이 가장 큰데, 전어는 일상의 식탁에서 먹는 음식이 아닌, 가을을 지날 때 먹는 통과의례 음식이 되어 버렸다. 그런데 전어를 즐겨 먹는 또 다른 나라 일본에서는 우리와 사뭇 다른 계절에, 다른 요리법으로 전어를 먹을 뿐 아니라 우리와 다른 민간 속설까지 남아 있다.

일본에서 전어는 대표적인 출세어出世魚다. 출세어는 커 가면서 이름과 먹는 방법이 달라지는 생선을 말한다. 일본에서는 10센티미터 정도의 어린 전어를 '고하다小魚箸'라고 부른다. 봄이 제철인 고하다는 초절임한 후 스시의 네타초밥에 얹는 재료로 즐겨 먹는다. 혼마구로참다랑어의 최고급 부위인 오도로대뱃살와 동급으로 쳐줄 만큼 귀하고 비싼 네타다.

현재 일본의 대표적인 스시인 니기리즈시가 식초의 대중화와 밀접한 관련이 있는 것은 널리 알려진 이야기다. 오도로와 고하다 같은 최고급 스시 재료는 공통적으로 기름기가 많다. 식초가 대중화되기 전에는 기름기가 많아 빨리 상하는 탓에 거의 사용되지 않는 식재료였다. 식초 덕에 기름기가 많은 생선의 보존 기간이 늘어나면서 고하다와 오도로는 최고의 스시 재료가 되었다.

일본에서는 전어구이를 거의 먹지 않는다. 전어의 일본말인 '고노시로こゐ
しろ'는 직역하면 '아이를 대신한다'는 뜻이다. 영주가 자신의 딸을 데려가려
하자 전어를 관 속에 넣어 태운 뒤 딸이 죽었다고 속인 어부의 일화에서 나
온 말이다. 일본인은 전어 굽는 냄새를 시체 타는 냄새로 연상할 정도로 전
어구이를 좋아하지 않는다. 같은 재료가 문화적 차이로 인해 이처럼 상반된
결과를 낳은 것이다.

가을이면 남해에는 전어를 먹으려는 사람들로 넘쳐난다. 여수, 보성, 고
흥의 전어는 살이 단단하고, 광양의 망덕포구와 부산의 명지 전어는 부드
럽다. 9월 초에 가면 회를 먹는 게 낫고, 9월 중순이 지나면 구이를 먹는 게
좋다. 전어처럼 양식산과 자연산의 맛 차이가 도드라진 생선도 없을 것이다.
특히 고소한 내장의 맛은 자연산 전어가 아니면 제맛을 느낄 수 없다. 통째
먹는 뼈꼬시도 좋지만 기름기가 오른 9월 중순 이후에 전어의 살만 발라내
숙성시켜 먹는 회는, 내게는 최고의 전어를 먹는 방법이다. 다른 회는 따라
오지 못할 자르르한 기름기가 작고 단단한 몸에서 뿜어져 나온다.

1년에 몇 번 정도 보는 데면데면한 십년지기 이성 친구와 9월에는 전어를
먹기 위해 반드시 만난다. 서울 돈암동에 있는 소박한 전어 전문점에서 친구
랑 전어회를 먹을 때면 몇 안 되는 추억들이 전어의 고소한 기름기처럼 조
금씩 기어 나온다. 그 친구 전화 올 때가 다가왔다. 가을이 왔다.

송편

송편이 추석 절기 음식으로 자리 게 된 이유는 무엇일까
둥근 송편 소의 모양이 보름달을 형상화한 것과
연관 지어 생각해 볼 수 있을 것이다.

　　조선 헌종 때 문인이자 실학자인 정약용의 둘째 아들 정학유가 지은 《농가월령가》의 〈8월령〉에는 "신도주新稻酒, 오려송편, 박나물, 토란국을 선산에 제물하고 이웃집 나눠 먹세"라는 구절이 나온다. 추석에 송편을 시식으로 먹은 최초의 기록이다. 오려는 올벼, 즉 조생종早生種 벼를 말한다.

　　추석은 신라시대부터 중요한 명절이었다. 신라는 물론 중국 당나라에 있

었던 신라촌新羅村 사람들도 "수제비와 떡 등을 마련하고 8월 15일의 가절을 경축했을 정도로"《입당구법순례행기》, 838~847년 추석을 중요시 여겼다. 하지만 이때 먹은 떡이 송편이었는지는 알 수 없다. 원래 송편은 사시사철 먹던 떡이었다. 조선시대 허균이 쓴 《도문대작》1611년에는 서울에서 봄에 먹는 음식으로, 신흠이 지은 《상촌고》1630년에는 유두일流頭日, 음력 6월 15일 음식으로, 《택당집》1674년에는 사월 초파일석가탄신일에 먹는 시식으로 나온다.

송편을 빚는다는 표현은 찰기가 부족한 멥쌀을 가루로 만들어 떡을 쳐서 다시 도자기처럼 빚기 때문에 나온 표현이다. 이익의 《성호사설》에는 지금과 거의 같은 떡 속에 콩가루 소를 넣고 솔잎으로 찐 송편 만드는 법이 나온다. 청나라 사신으로 갔던 이해응이 지은 《계산기정》1803년에는 청나라 환

향하를 건너 7리쯤에 있는 고려보高麗堡에서 팔던 고려병高麗餠으로 송편松餠과 인절미粟切餠가 등장한다.

송편이 추석 음식으로 자리 잡은 건 19세기로 보인다.《농가월령가》가 대표적 사례다.《동국세시기》에도 "2월 1일 노비일奴婢日과 추석 음식으로 송편을 먹었다"라고 적혀 있다. 무슨 이유로 송편이 추석 절기 음식으로 자리 잡았는지는 기록이 없다. 다만 둥근 송편 소의 모양이 보름달을 형상화한 것과 연관 지어 생각할 수 있다. 추석 시식 중에서 송편은 하늘, 밤과 대추는 땅, 토란은 땅속의 결실을 대표하는 음식들이다. 19세기 이후 추석의 대표 시식이 된 송편은 1960년대 이후 쌀 부족으로 분식 문화가 도래하면서 차츰 우리 삶에서 멀어졌다.

꼬막

소설 《태백산맥》 덕에 남도 미각의 주인공이 된 꼬막은
전라도에서는 제사상에 오를 정도로 귀한 대접을 받는다.
별다른 조리 없이 살짝 데쳐 먹는 것이 최상의 조리법이다.

꼬막은 겨울이 제철이다. 설날을 전후한 두 달이 살이 가장 많이 오르고
맛이 좋아지는 덕에 꼬막은 전라도의 제사상에 오르는 '제사꼬막'으로 대접
받는다. 전라도의 서해안이 홍어 문화권이라면 전라도의 남해안은 꼬막 문
화권이다. 찬바람이 불기 시작하는 11월 여자만 주변의 갯벌에서는 작은 몸
통에 깊이 파인 줄이 선명한 꼬막들이 죽기 살기로 입을 꽉 다문 채 몸속에

살을 키운다. 소설 《태백산맥》 덕에 꼬막은 겨울에 먹는 남도 미각의 주인공이 되었지만 한반도에서 꼬막을 먹은 역사는 신석기시대의 패총에 빠짐없이 등장할 정도로 오래되었다.

꼬막의 주산지가 여자만이고 유통의 중심시가 벌교인 탓에 겨울에 벌교 간다는 말은 외지 사람들에게는 꼬막을 먹으러 간다는 의미로, 남도 사람들에게는 꼬막을 사러 간다는 의미로 쓰인다. 꼬막은 돌조개목 돌조개과에 속하는 조개류로 돌조개과는 전 세계적으로 242종이나 있다. 우리나라에는 16종이 알려져 있다. 하지만 실제 우리가 접하는 꼬막은 참꼬막, 새꼬막, 피꼬막이 대부분이다.

꼬막의 종류 – 참꼬막, 새꼬막, 피꼬막

우리가 보통 꼬막이라 부르는 것은 참꼬막을 말한다. 참꼬막은 전라도에서는 제사꼬막으로 불릴 만큼 맛있지만 귀해서 산지에서도 20킬로그램에 30~40만 원을 오갈 정도로 비싸다. 꼬막 중에서 가장 저렴하고 대중적인 꼬막은 새꼬막이다. 참꼬막에 비해 맛이 떨어진다고 '개꼬막', '똥꼬막'으로 천대받지만 제철에 산지에서 먹는 새꼬막의 맛은 참꼬막에 비해 결코 뒤지지 않는다. 게다가 수분을 제외한 꼬막의 주성분인 단백질은 세 가지 꼬막류 중에서 가장 많은 14퍼센트 정도다. 보통 피조개로 많이 알려진 피꼬막은 셋 중에서 크기도 가장 크고 가격도 제일 비싸지만 한국인에게는 좀 낯선 식재료다. 한국에서 생산되는 피꼬막은 대부분 스시의 '네타' 재료로 일본에 수출되기 때문이다.

참꼬막과 새꼬막은 외관상으로 구별하기가 그다지 어렵지 않다. 참꼬막은 새꼬막보다 껍데기에 난 홈이 작고 깊다. 참꼬막은 대개 17~20개 정도, 새꼬막은 30여 개의 홈이 나 있다. 참꼬막의 껍데기 색이 새꼬막보다 검은 것도 구별 방법이다. 참꼬막은 4~5년, 새꼬막은 3~4년을 자라야 상품이 되는데, 얕은 갯벌에서 자라는 참꼬막은 새꼬막이나 피꼬막에 비해 성장이 더딘 편이라 참꼬막이 새꼬막과 같은 몸집이 되려면 1년을 더 자라야 한다. 참꼬막이 몇 배 더 비싼 이유 중 하나다.

참꼬막이나 새꼬막은 '유생'에서 2년 정도 성장한 '종표'를 갯벌에 뿌려 키워 낸다. 갯벌에 뿌려진 이후부터 1년산, 2년산, 3년산으로 구분한다. 참꼬막은 껍데기가 최대 5센티미터 정도, 새꼬막은 8센티미터 정도, 새꼬막은 13센티미터 정도까지 자란다. 참꼬막은 완전히 다 자란 3년산이 맛있고 새꼬막은 어린 1년산이 가장 맛있다는 게 현지 생산자들의 이야기다. 참꼬막과 새꼬막은 나이테처럼 꼬막 껍질에 세로로 1년에 하나씩 줄이 그어지므로 세로줄을 보면 꼬막의 나이를 알 수 있다.

꼬막을 매일 채취하지 않는 이유는?

꼬막은 온도에 민감한 패류다. 보통은 연한 개흙질의 갯벌에서 5도에서 36도 사이에 서식하는데 바닷물이 25도가 되는 7~8월에 주로 산란을 한다. 꼬막의 몸통에 살이 가장 통통하게 오를 때는 다른 어류처럼 산란 직전이지만 굴과 마찬가지로 산란기의 꼬막은 식용으로 먹기에 적합하지 않다. 남도 사람들은 이때의 꼬막을 '미끄럽다'고 표현하는데 기름 맛이 돌기 때문이다.

산란 후 꼬막은 새로운 알을 품는 2월에서 4월 전의 시기가 되면 몸통에 살이 최고조로 오른다. 1월 전후의 꼬막이 가장 맛있는 이유는 여기에서 기인한다. 참꼬막은 썰물 때는 물이 빠지는 1~2미터 정도의 낮은 갯벌에서 자라는 탓에 살이 졸깃하지만 의외로 수분은 10미터 전후의 갯벌에서 1년 내내 잠겨 자라는 새꼬막보다 많다. 수분이 많고 더 졸깃한 참꼬막은 살짝 데쳐서 먹는 것이 최상의 조리법이다.

참꼬막을 집에서 데쳐 먹을 때는 해감을 한 뒤 한쪽 방향으로 천천히 저어 주는 것이 핵심이다. 몸통에 살이 골고루 익으면서도 까먹기에 좋기 때문이다. 벌교의 꼬막정식집에서도 참꼬막은 양념을 하지 않고 살짝만 데쳐 주고 그 밖에 다른 꼬막 요리는 새꼬막을 이용해서 만든다. 새꼬막을 많이 쓰는 것은 마음 놓고 먹기 힘들어진 비싼 참꼬막의 가격 때문이기도 하지만, 수분이 많은 참꼬막은 다른 방법을 이용하면 제맛이 안 나고 맛도 떨어지기 때문이다.

꼬막은 재료의 보관이 어렵다. 산지에서도 꼬막을 매일 채취하지 않고 주문에 맞춰 작업하는 것은 꼬막의 보관 때문이다. 꼬막은 바다에서 잡은 뒤 하루 정도 지난 것이 가장 맛있다. 꼬막은 이후에 4~5일 정도까지는 맛이 크게 변하지 않는다. 수분이 82퍼센트 정도를 차지하는 꼬막의 특성상 꼬막이 채취 후 얼마나 되었는지는 맛에 큰 영향을 미친다. 시장에서 파는 중국산 꼬막이 질기고 푸석한 맛을 내는 이유다.

참꼬막이나 새꼬막 모두 데쳐 먹을 때 꼬막 입이 벌어지지 않도록 살짝만 데친다. 여자만 주변의 겨울 밥상에 '꼬막무침'이 빠지는 경우는 거의 없다. 산지에서와 마찬가지로 참꼬막이나 새꼬막을 요리해서 먹을 때는 간장과 각종 양념을 버무린 '꼬막무침'으로 먹는 것이 좋다. 꼬막무침을 만들 때 가장 중요한 요령은 패주가 붙은 부분의 껍질은 그대로 두고 반대편의 껍질만 벗겨 내야 한다는 것이다. 육즙을 유지해야 꼬막의 제맛과 영양을 유지할 수 있기 때문이다. 수분이 많기 때문에 너무 짜지 않게 간장으로 간을 하고 양념을 넣어 무쳐 먹으면 졸깃한 속살과 촉촉한 육즙에서 풍기는 남도의 맛을 제대로 느낄 수 있다.

꼬막이라는 이름의 유래

꼬막은 우리말이다. 《재물보》1798년에 "호남 사람들이 고막이라 칭한다"라는 말이 처음으로 등장한다. 이후 정약전의 《자산어보》1814년에도 '고막庫莫'이라는 말이 나온다. 《자산어보》에서는 한문으로 '감蚶'이라 표기하고 와롱자瓦壟子, 와룡자瓦龍子, 복로伏老, 강요주江瑤珠, 괴륙魁陸, 괴합魁蛤, 복로伏老 같은 한자와 속명을 여럿 기록하고 있다. 와룡자瓦龍子는 중국과 한국에서 공통으로 사용하는데 기와지붕 같은 꼬막의 껍질을 보고 지은 이름임을 쉽게 알 수 있다.

우리말 고막 혹은 꼬막은 '작은 조개'를 뜻한다. 고막과 꼬막에 쓰이는 '고'와 '꼬'는 '고맹이' '꼬맹이'와 마찬가지로 구별 없이 사용하는 경우가 많다. 특히 '꼬'는 '꼬마', '꼬투리'처럼 작은 사물을 지칭하는 접두어며, '막'도 작은 공간을 나타내는 '오막', '오두막', '움막' 등에 사용되는 말이다. 따라서 고막 혹은 꼬막은 '작은 집에 사는 것'이라는 의미로, 기와지붕처럼 생긴 꼬막의 껍질을 연상하면 쉽게 그 연원을 생각할 수 있는 단어다.

계절 따라 재료가 오지만, 계절에 무딘 나는 제철 음식을 먹을 때 계절을 깨닫는다. 꼬막 따라 찬바람이 불고 겨울이 온다.

해장국

해장국은 순하고 편안하고 따듯한 국물 음식이다.
추위가 본격적으로 시작되고 연중 술자리가 가장 많은
12월의 계절 음식으로 해장국만 한 것이 없다.

초등학교 시절 어머니는 아버지가 과음하고 들어오시면 새벽에 일어나 다듬잇방망이로 북어를 사정없이 두드려 북엇국을 끓이셨다. 돌처럼 단단한 북어 패는 소리에 잠이 깬 적이 한두 번이 아니었다. 따스한 국물에 밥을 말아 먹으면 속은 거짓말처럼 편안해지고 머리는 각성제를 먹은 것처럼 맑아진다.

사회 초년병 시절에 술을 조절해서 먹는 것은 쉬운 일이 아니다. 40년을 산 성북구 보문시장 근처에는 선지해장국을 잘하는 집이 두 군데 있었는데, 과음한 다음 날은 어김없이 이곳에서 하루를 시작했다. 선지해장국은 밥이 아니라 약이었다. 2008년 뉴타운 광풍이 서울을 강타할 무렵 어머니 약손 같던 보문동 선지해장국집들은 문을 닫았다.

선지해장국을 부동의 해장국으로 만든 청진동해장국도 광풍에서 자유롭지 못했지만, 다행히 주변의 대형 건물에 새로운 터를 잡고 살아남았다. 맛도 변하지 않았다. 청진동 주변에는 땔감용 나무 시장이 있었다. 나무를 팔기 위해 밤새 길을 재촉해 온 사람들을 위해 술국을 파는 노점이 생긴 것은 1937년이었다. 쇠뼈다귀 국물에 우거지, 콩나물, 감자를 넣고 된장을 푼 국물에 밥을 말아 팔았다. 한국전쟁 이후에 선지와 양이 들어가면서 지금의 청진동식 해장국이 완성되었다.

해장술의 안주에서 기원

해장국에 관한 기원을 좇다 보면 반드시 술이 등장한다. 해장국은 술을 깨기 위한 해장술의 안주로 시작된 음식이다. 해장국은 밤새 부대낀 속을 푸는 '해장解腸'에서 온 말로 이해하기 쉽지만 해정, 즉 술로 인한 숙취를 풀기 위한 해정국에서 온 말이다. 해정국은 장국밥과 결합해 해장국으로 이름이 변한다.

술을 깨는 음식이 처음 등장하는 문헌은 고려 말엽의 어학서인 《노걸대》

다. 《노걸대》에는 해장국이 성주탕醒酒湯이라는 이름으로 고기 국물에 국수, 산초, 초, 파, 각종 채소를 한데 넣어 끓인다고 나와 있다. 하지만 성주탕은 중국에서 먹는 음식이었다. '해정'이라는 말은 1856년 쓰인 자전 《자류주석》에 처음 기록되어 있다. 1880년 《한불자전》에는 '해정국'이 아닌 '해정주'라는 단어가 먼저 등장한다. 20세기 초반 들어서 해정주 혹은 해정술은 술 먹은 다음 날 술 깨기 위해 마시는 술로 대중화된다.

해정주와 함께 먹는 술국인 해정국도 1924년 발간된 《조선무쌍신식요리제법》에 삼태탕으로 등장할 정도로 본격화된다. 콩과 두부, 명태를 넣은 탓에 삼태탕三太湯이라 불렀다. 삼태탕은 '술 먹는 사람이 그 전날 취해 자고 깨서 해정하는' 음식이었다. 오늘날 해장국으로 자주 먹는 콩나물해장국, 명태해장국, 두부해장국이 한 몸이었음을 알 수 있는 대목이다.

해장국으로 가장 유명한 전주콩나물해장국도 초창기에는 탁배기막걸리와 함께 먹는 술국이었다.〈전주콩나물국밥〉, 《별건곤》, 1929년 12월 호 지금도 전주에서는 콩나물해장국과 함께 '모주母酒'라는 해장술을 판다. 모주는 막걸리에 계피, 흑설탕을 넣고 달인 술이다. 1920년대 말에는 콩나물을 소금물에만 끓여 탁배기와 함께 먹었다.

전주콩나물국밥은 겨울 음식이었다. "겨울 콩나물이 가장 맛있다. 80년 전에 콩나물을 즐기기 시작했다. 토질을 막기 위해 사흘이 멀다 하고 콩나물을 먹어야 한다는 이야기가 수세기 동안 구전돼오면서 향토의 관습으로 돼버렸다. 70~80년 전 전주 남북으로 쌍벽을 이뤘던 완산동 김제노파 해장국집과 다가동 도린노파 해장국집의 요리는 깨끗이 씻은 콩나물을 간이 맞는 소금물에 끓여 마늘과 파는 썰어 담근 똑대기^{깍두기}에 해묵은 겹장 요리를 한 다음 참깨를 한수저 넣고 부뚜막에 말린 붉은 고추를 수저로 깨뜨려 넣으면 그만이었다는 것이다."〈경향신문〉, 1977년 11월 5일 현재는 멸치 국물에 밥과 콩나물을 말아 내는 남부시장 방식과, 뚝배기에 소뼈 국물과 콩나물, 밥을 넣고 끓이는 '삼백집' 방식이 대세를 이루고 있다.

평양에서도 "애주가들은 오전 사시경에 해장하는 풍속이 있는데 그때부터 소주를 음용하기 시작하는 까닭에"〈동아일보〉, 1926년 9월 11일 소주 산업이 크게 발달했다고 한다. 해장국은 밤을 새운 육체노동자들에게는 꼭 필요한 음식이었다.

"삼개^{마포나루} 일대의 술청들은 첫새벽이면 술국을 끓여놓고 고객을 기다리는 풍습이 있다. 풍습이라기보다는 영업상 정책이다. 왜 그러냐 하면 삼개 포구로 생선이나 젓갈부치를 받으로 나오는 장사아치들은 거의가 첫새벽까지에는 포구 일대로 나와서 대기하고 있다가 배가 들어오자마자 생선을 받아 가지고 다시 아침 전에 성중으로 들어가야만 장사가 되기 때문에 이들을 고객으로 삼는 술청에서는 부득이 새벽이 되기 전에 술국을 끓여놓는 것이다."연재소설 "태풍", 〈동아일보〉, 1950년 4월 24일

지역 식재료와 결합해 특색 있는 해장국으로

술국이었던 해장국이 속을 푸는 음식으로 독립한 것은 1950년대부터다.

초창기 서울의 해장국은 사골 우린 국물을 기본으로 했다. 용산의 용문시장 주변에는 용문식 해장국을 파는 집이 세 군데 있다. 사골 우린 국물에 소 목뼈, 선지, 배추를 넣어 얼큰하게 끓이는 용문식 해장국은 서울식 해장국의 초창기 모습을 잘 간직하고 있다. 해장국은 지역의 식재료와 결합해 독특한 방식으로 분화, 발전한다는 점에서 다른 음식과 차별된다.

부산의 해장국은 재첩국과 복국을 중심으로 발달했다. 하동과 부산 일대에서 잡힌 재첩으로 끓인 슴슴한 재첩국은 경상남도 사람들이 가장 즐겨 먹는 해장국이다. 재첩국은 《동의보감》에 "눈을 맑게 하고 피로를 풀어 주며, 특히 간 기능을 개선하고 향상시켜 주며, 황달을 치유하고 위장을 맑게 하는" 약이었다. 경상도 사람들은 재첩을 '조개류의 보약'이라고 부르기도 한다.

1940년대 중반 이후 생겨난 경주의 해장국은 콩나물에 모자반과 신김치, 메밀묵을 넣어 끓인 '콩나물메밀묵해장국'이다. 굴 산지로 유명한 고흥에서는 굴을 껍질째 달인 물을 차갑게 식혀 굴과 함께 먹는 피굴해장국 문화가 지금도 남아 있다. 남해대교 앞 노량에서는 날 김을 말아 먹는 김국이 술꾼들의 해장국으로 유명했다. 제주도에서는 3개월 정도 된 돼지의 고기를 다져서 참기름, 마늘, 생강, 후춧가루, 고춧가루, 간장으로 만든 양념을 국물처럼 먹던 돼지새끼회를 해장 음식으로 즐겨 먹었지만, 현재는 돼지국수가 제주 술꾼들의 속을 풀어주는 최고의 해장국으로 등극했다. 인제와 횡계 용대리는 대한민국 최대의 황태 생산지답게 황태해장국이 유명하다. 황태해장국은《조선무쌍신식요리제법》에 등장하는 삼태탕과 비슷한 점이 많다.

술과 안주로 지친 속을 풀기 위해 탄생한 해장국은 순하고 편안하고 따듯한 국물 음식이다. 추위가 본격적으로 시작되고 연중 술자리가 가장 많은 12월의 계절 음식으로 해장국만 한 것이 없다.

떡만둣국

하얀 떡은 '지난해의 묵은 때를 씻어 내라'라는 뜻이고,
고기 국물에 떡을 동전 모양으로 썰어 넣은 것은
'돈 많이 벌어 부자 되라'라는 의미다.

음력설은 중국에서 만들어진 것이다. 설날 먹는 음식도 중국의 영향이 지대하다. 산둥을 중심으로 한 북부 지역은 밀을 주식으로 하고, 상하이와 광저우를 중심으로 한 남부 지역은 쌀을 주식으로 한다. 완전히 다른 주식 문화 때문에 설날 음식도 확연하게 다르다.

한반도와 가장 가까운 산둥 지역은 중국의 밀 문화가 본격적으로 탄생한 곳이자 가장 강력하게 남아 있는 곳이다. 이곳에서는 음력 마지막 날 '자오쯔餃子, 교자'를 빚어 가족과 함께 먹는다. 자오쯔는 '자시밤 11시에서 새벽 1시 사이가 된다交在子時'는 말과 발음이 비슷하다. 자오쯔를 먹는다는 것은 '해가 바뀌고 자시가 된다更歲交子'는 의미, 즉 송구영신送舊迎新이라는 뜻이 있다. 중국에서는 잠을 자지 않고 새해를 맞이해야 하고, 자정에 자오쯔를 먹기 시작한다. 새해 첫 식사가 자오쯔다.

자오쯔의 모양은 중국 돈 원보元寶를 닮았다. 자오쯔를 먹으며 '부자 되라'라는 의미가 담겨 있다. 또한 자오쯔를 뜻하는 한자 '餃子'의 발음은 '孝子'와 같다. '孝子'는 '아이를 낳는다'는 뜻이다. 자오쯔를 먹으며 자손을 낳아 번성하라는 의미다. '孝'는 '영원하다', '지속된다'는 의미도 있다. 자오쯔에 들어가는 소는 고기肉, Rou와 야채菜, Cai를 섞어 만드는데, 이는 '돈이 많이 있다有財, Youcai'는 말과 발음이 비슷하다.

훈툰은 자오쯔보다 4분의 1정도로 작은 만두다. 면 국물에 훈툰 두 개를 넣어 먹는 것도 중국 춘절의 음식 문화다. 훈툰도 원보를 닮았다. 국수가 훈툰을 이어 주어 큰돈을 모으는 상징으로 여겼다. 밀가루와 이스트로 반죽해 속에 아무것도 넣지 않은 '만터우饅頭, 만두'도 중국의 춘절 음식이다. 둥근 모양은 복을 받고 원만하게 살라는 뜻이고, 부풀어 오르는 모양은 돈을 벌라는 의미다.

남쪽에서는 자오쯔를 먹지 않고 '녠가오年糕'라는 설 떡이나 국수를 먹는다. 녠가오는 남쪽에서는 주로 찹쌀을 이용하고, 북쪽에서는 수수 등을 사용한다. 녠가오는 '오래 살라'라는 뜻을 지닌 '年高'와 발음이 같다. '매년 형편이 좋아져라'라는 의미다. 녠가오는 다양한 모양과 재료로 만드는데, 한국의 가래떡과 비슷한 모양의 녠가오도 있다. 북방의 자오쯔와 남방의 가래떡 모양의 녠가오는 한반도에 전해져 떡국과 만두로 변형된다.

한반도 밥상에 오르기 시작한 만둣국

이런 음식과 풍습이 한반도에 언제 전해졌는지는 확실하지 않다. 한반도에 가장 먼저 등장한 만두는 쌍하雙下다. 쌍하는 《고려사》의 〈가례잡의〉에 나온다. 쌍하는 고려시대의 가사를 모은 《악장가사》에는 쌍화雙花로, 《동국세시기》1849년에는 상화霜花, 《육전조례》1866년에는 상화床花로 기록되어 있다. 1527년 간행된 《훈몽자회》에는 만두를 '상화 만', '상화 투'로 뜻을 풀이하고 있다. '만두饅頭'라는 단어는 《고려사》 충혜왕 복위 4년1343년 10월 기록에 처음 등장하는데, 만두를 훔쳐 간 자를 왕이 죽였다는 내용이다. 〈가례잡의〉에서도 만두는 왕의 잔치에 바쳐지는 귀한 음식이었다.

외래어가 한국어로 정착할 때는 다양한 방식으로 표현된다. 쌍하, 쌍화, 상화는 전부 투르크계의 튀겨 먹는 만두인 '삼사samsa'에서 시작되었을 가능성이 매우 높다. 개성의 독특한 만두인 편수는 '변씨만두卞氏饅頭'라고도 불리는데, 삼사처럼 모양이 사각형인 것이 특징이다. 삼사의 어원은 아름다운 삼각형이라는 의미가 있는 페르시아어 '산보삭'이다. 삼각형이나 사각형은 보는 각도에 따른 차이다. 사각형의 밑부분을 삼각형으로 연결한 것이 삼사이기 때문이다. 삼사는 기름에 튀기거나 구워 먹는 음식이다. 반면 한민족은 만두를 주로 찌거나 국물에 넣어 먹는다.

《훈몽자회》에서 "변시는 훈툰"이라고 했으며, 《한한청문감》1779년에도 "훈툰은 작은 변시"라고 쓰여 있다. 중국의 《월령광의》라는 책에는 "훈툰은 속俗에 편식扁食이라고 한다"라고 적혀 있다. 개성의 편수는 편식이 변한 말이다. 변씨만두도 변 씨가 만든 만두가 아니라 '변시'의 변형이다. 병식餠食, 편식匾食, 병시餠匙, 편식扁食, 편수片水는 다 납작한 사각 모양의 변시를 부르는 다른 이름이다. 중국의 자오쯔도 편수와 같은 말이다. 훈툰은 각진 모양 때

문에 '줴쯔角字'라고 불렸고, 북방에서는 자오쯔로 읽는다. 서유문의 《무오연행록》1798년에는 "훈툰이라 하는 음식이 맛있다 하여 사서 먹어 보니 우리네 만두처럼 만든 것으로 신맛이 나고 더운물에 띄웠더라"라는 구절이 나온다. 중국의 춘절 음식인 훈툰은 우리나라의 만둣국과 매우 유사한 음식이다.

설맞이 음식으로 자리 잡기 시작한 떡국

설날에 떡국 먹는 풍습은 중국 송나라 때960~1279년 시작되었다. 남송南宋 시인 육유가 쓴 《세수서사》에는 세일歲日, 설날에는 탕병湯餅을 먹는데, 이것은 '동혼돈연박탁冬餛飩年餺飥'과 같은 것이라고 나온다. '박탁'은 수제비를 말한다. '떡국'이라는 한글 표기는 19세기 후반에 등장한다. 이전에는 '탕병'이라는 단어가 사용되었다. 중국에서 '병餅'은 밀가루로 만든 음식을 칭한다. 쌀을 갈아 만든 음식은 '이餌'라고 부른다. 밀이 거의 나지 않던 한반도에서는 멥쌀을 이용해 떡을 만들었다. '병'이라는 한자어가 한반도에서는 쌀과 밀은 물론 다른 곡물로 만든 음식을 지칭하는 단어로 정착한다.

김안국의 《모재집》에는 "새벽에 떡국을 먹고 설을 맞는다"라는 구절이 나온다. 19세기에 쓰인 세시기인 《경도잡지》, 《열양세시기》, 《동국세시기》에는 설날 음식으로 떡국이 등장하는데, "멥쌀로 만든 흰 떡을 동전 모양으로 썰어 고기 국물에 넣어 먹는다"라고 적혀 있다. 하얀 떡은 '지난해의 묵을 때를 씻어 내고, 그 흰 빛깔처럼 새해는 순수하고 흠 없이 맞으라'라는 뜻이 담겨 있다. 그리고 떡을 동전 모양으로 썬 것은 '돈을 많이 벌어 부자 되라'

라는 의미다.

이덕무는 〈첨세병添歲餠〉이라는 시에서 떡국이 장수하는 데 필요한 약인 금단金丹과 비슷하다면서 "풍속이 이 떡국을 먹지 못하면 한 살을 더 먹지 못한다고 한다. 한난寒暖에 잘 상하지도 않고 오래 견딜 뿐 아니라 그 조촐하고 깨끗한 품이 더욱 좋다"라고 적고 있다. 다른 재료가 들어가지 않은 흰 가래떡은 딱딱해지는 단점이 있지만, 보관이 쉽고 변질이 잘 되지 않아 설 이후에도 먹을 수 있는 장점이 있다.

설음식으로 새롭게 빚어진 떡만둣국

고상안은 《태촌집》에 "정조正朝. 설날가 1년의 첫날이니 면麵은 만두를 쓰고, 떡은 떡국에 쓴다"라고 적고 있다. 떡국과 만두가 설날 음식으로 동시에 등장하는 것이다. 하얀 쌀과 귀한 밀가루로 만든 만두는 설날 혹은 잔칫날에나 먹을 수 있는 음식이었다. 중국에서 시작된 음식 풍습은 한반도의 식재료나 문화에 적응하면서 변화를 겪는다. 남방의 녠가오는 찹쌀로 만드는 반면 한반도의 가래떡은 멥쌀로 만든다. 떡을 엽전 모양으로 썬다는 점도, 고기 국물에 넣어 국으로 끓여 먹는다는 점도 다르다. 게다가 우리의 만둣국은 중국의 훈툰처럼 작은 만두를 사용하지 않고 커다란 만두를 넣는다. 떡국과 만두를 동시에 먹는 떡만둣국은 이런 변형의 정점에 있다.

일제강점기를 거치면서 떡국과 만둣국은 외식 메뉴로 세상에 나온다. 1960년대 분식장려운동에 힘입어 밀가루로 만든 만둣국은 분식집의 단골 메뉴가 되었다. 100년 전만 해도 설날에나 먹을 수 있는 귀하고 비싼 음식이 저렴한 외식이 될 만큼 먹거리는 흔해지고 풍요로워졌다. 그래도 설날에 떡만둣국 한 그릇 먹는 일은 절대 빼 놓으면 안 된다. 의미는 물론이고 맛도 좋으니 말이다

메주

겨울이 시작되면 김장을 담그고
겨울이 끝날 무렵에는 장을 만든다.
이는 우리 조상들의 가장 중요한 생존 의례였다.

식민지 조선의 겨울 초입, 〈동아일보〉 1931년 11월 21일 자에 청국장찌개에 관한 글이 실렸다. "겨울과 봄은 청국장을 띄워 먹을 때입니다. 청국장을 몇술 너코 무나 배추 우거지를 건지 삼아 너코 장을 조곰치고 북어토막 두부 파 고기를 너코 호초가루와 굵은 고초가루를 치고 한데 푹 끌여먹으면 맛이 무장찌개맛과 또다르게 조흅니다. 또 성하게 띄운 며주라도 맑아케 씻고 쿵쿵 두드려 청국장 대신에 너흐면 우거지 등물이 부드러워 조홉니다. 이 찌개가 어떤 때는 고기 안주보다 맛잇게 먹게 될때가 만홉니다."

일제가 한반도를 넘어 만주로 동남아시아로 제국의 위세를 떨치던 추운 겨울날 우리 조상들은 쿵쿵거리는 냄새가 폴폴 풍겨 나는 청국장에 우거지와 북어 토막, 두부를 넣어 먹으며 겨울을 견뎠다. 청국장이나 딱딱한 메주를 두드려 깨서 겨울을 나고 봄을 맞았다. 겨울이 시작되면 김장을 담그고 겨울이 끝날 무렵에는 장을 만든다. 김장하고 장 담그는 것은 조선시대 가정의 가장 중요한 생존 의례였다.

장기 숙성한 장과 단기 숙성한 청국장

콩은 한반도를 원산으로 하는 드문 작물이다. 콩의 원종은 한반도와 고구려의 영토였던 만주 일대에서 난다. 콩을 이용한 음식들이 대개 한반도와 만주 일대에서 생겨난 이유다. 고고학적 발견이 진행되면서 충북 옥천 대천리 유적에서 기원전 3500년에 콩이 재배되었음이 밝혀졌다.

콩의 원종과 재배종의 기원에 관한 논쟁은 진행 중이지만 콩의 주요 재배지가 한반도였던 것은 중국의 기록에도 여럿 남아 있다. 산둥 지역의 태수였던 가사협賈思勰이 6세기 전반에 쓴 《제민요술》의 〈대두〉 편에는 흑고려두黑高麗豆와 황고려두黃高麗豆가 나오는데, 이는 콩 중에서 지금까지 가장 많이 사용되고 있는 흑두와 황두가 전부 고구려의 특산물이었음을 알 수 있는 대목이다.

덕분에 한반도에는 콩을 이용한 된장과 간장 문화가 일찍이 꽃피웠다. 콩으로 만든 장은 크게 보면 메주를 만들어 간장과 된장을 분리해 먹는 장기 숙성 장과, 단기간에 담가 먹는 청국장으로 나눌 수 있다. 메주를 이용한 된장과 간장은 소금과 함께 몇 달 동안 발효되면서 장기 보관이 가능하다는 장점이 있지만 염분이 많은 반면, 청국장은 염분이 거의 없고 빨리 만들어 먹을 수 있는 장점이 있지만 장기간 보관이 불가능하다.

메주를 발효시키는 겨울 동안에는 콩을 삶아 짚과 함께 넣은 후 따뜻한 온돌방에 천을 씌워 어두운 곳에 2~3일 동안 숙성시킨 청국장을 먹었다. 메주의 최대 장점은 보관과 유통이 쉽다는 것이다. 메주는 콩과 밀을 섞어 만든 누룩과 거의 비슷하다. 1800년대에는 메주를 만들어 판 기록이 남아 있는데 일제강점기까지도 메주와 누룩은 시장에서 유통되었다. 조선시대에 두부로 유명했던 창의문彰義門 밖에서는 고종 때까지도 궁중에 진상하는 메주가 만들어졌다.

장기 보관을 위해 된장과 간장에 과다하게 사용되는 염분이 최근 들어 문제시되고 있다. 또한 저염식이 건강식이라는 분위기도 확산되고 있다. 그래서 한국만큼 된장을 많이 사용하는 일본도 저염 된장과 저염 간장 개발에 많은 노력을 기울이고 있다. 청국장이 각광받는 것은 콩의 단백질 같은 성분은 그대로 유지하면서도 염분이 거의 없다는 점 때문이다. 중국의 더우츠豆豉, 일본의 낫토納豆는 물론, 청국장과 거의 같은 동남아시아의 음식들도 사람들의 사랑을 받고 있다.

중국, 일본 장의 원조는 한반도

시鼓는 오랫동안 메주로 해석되었지만 메주의 한자는 말장未醬이라고 쓰는 경우가 더 많다. 옛 문헌들을 보면 시는 제조법이 청국장과 비슷한 점이 더 많고 실제 시를 청국장이라 하기도 한다. 1527년에 쓰인 몽골어 학습서인 《훈몽자회》에는 한자 '鼓'를 적고 한글로 '젼국 시'라고 표기하고 있다.

19세기 중엽에 쓰인 《오주연문장전산고》에는 "시를 우리나라에서는 전국장戰國醬이라고 부른다"라고 적고 있다. 1766년에 쓰인 《증보산림경제》에는 전시장煎鼓醬을 속칭 전국장戰國醬이라고 부른다고 하면서 "서리가 처음 자욱이 앉을 때에 햇콩을 푹 삶아 내고 짚자리로 싸서 온돌에 사흘 동안 두어 실 모양의 곰팡이가 생기면 꺼내 찧어서 가지, 오이, 동아 조각, 무 따위를 섞어 먹는다"라고 조리법을 자세히 적었다. 비슷한 방식으로 만든 음식이 《규합총서》1809년에는 청육장淸肉醬으로 나오고 김간의 《후재집》1766년에는 "전국장은 칠웅전쟁七雄戰爭 때 만들었다고 하는데 어디서 나온 이야기인지는 알지 못한다"라고 적고 있다. 단기간에 만들어 먹는 청국장이 전쟁용 음식에서 나왔다는 속설이 가장 오랜 기록이다.

1855년에 쓰인 《사류박해》에 청국장은 '靑麴醬', '戰國醬', '청국쟝'과 같이 표기되어 있다. 1796년에 정조의 화성 행차를 한글로 기록한 《뎡니의궤》에는 한글 '청국쟝'이 처음 등장한다. 여러 자료들을 종합해 보면 시는 18세기 이전에는 전국장이라 불렸고, 18세기 말부터 청국장이라는 단어가 사용되기 시작한다.

'시'라는 단어가 한반도에 처음 등장하는 것은 408년에 만들어진 홍덕리 고분 '묵서명墨書銘'에 쓰인 염시鹽豉다. 시는 중국 한나라 문자 해설서인《설문해자》100~121년에는 '배염유숙配鹽幽菽', 즉 콩을 어두운 곳에서 발효시켜 소금을 섞은 것이라 적혀 있다. 지금의 청국장과 거의 비슷하다.

3세기에 서진西晉의 장화가 쓴《박물지》에는 시법豉法이 '국외의 산물'이고 시의 냄새를 고려취高麗臭라고 적고 있어 시가 한반도에서 건너온 것임을 짐작하게 한다. 그러나 시를 청국장으로 단정할 수는 없다. 전국장의 요리법이 등장하는《증보산림경제》에 시는 '말장末醬'이라고 나오고 한글로 '며조'라고 부른다고 적혀 있기 때문이다. 시가 청국장이라는 뜻과 메주라는 의미로 동시에 사용된 것이다.

기록상으로 보면 메주건 청국장이건 중국의 콩으로 만든 장이 한반도에서 건너갔다는 사실만은 개연성이 매우 높다. 한국에서 장이라는 글자가 처음 등장하는 것은《삼국사기》신문왕 3년683년의 기록인데 장과 시가 동시에 나온다. 북송의 손목孫穆이 고려 숙종 8년1103년에 개성을 다녀간 뒤 쓴《계림유사》에는 장을 '密組'로 부른다고 적고 있다. 당시의 중국 음으로 읽으면 이는 '며조'가 된다. 일본 된장 미소는《왜명유취초倭名類聚鈔》1934년경에 고려장 미소未醬에서 온 것임을 밝히고 있어 일본 된장이 한반도에서 넘어온 음식문화임을 명확히 하고 있다.

겨울의 한기와 균을 품은 메주는 된장과 간장으로 재탄생되어 몇 년을 견딘다. 된장과 간장 없는 한국인의 밥상은 생각조차 할 수 없다.

홍어

홍어는 코 부위가 제일 맛있고 그다음이 날개,
세 번째가 꼬리, 네 번째가 살 부위다.
홍어 마니아가 가장 좋아하는 부위인 '애'는 엉순위다.

왜 홍어를 먹을까? 홍어를 좋아하는 필자도 잘 모르겠다. 다만 겨울이 되면 그 홍어 맛이 그리워진다. 곰삭은 것들에서 맛볼 수 있는 일종의 퇴락미라 할 수도 있고, '꼬질'한 것들이 주는 편안함일 수도 있다. 홍어가 전국적으로 유명해진 계기는 아이러니하게도 홍어 최악의 위기에서 비롯된다. '위기는 기회'라는 경영학 명제의 실례로 손색없는 경우다.

남획과 서식지 파괴, 중국 어선들의 증가로 1991년에는 홍어잡이 배가 두 척만 남았고, 1993~1997년에는 홍어잡이 어선이 한 척만 남게 되었다.^{박정}
_{석, 〈홍어와 지역정체성〉, 윤현숙 외, 《홍어》, 민속원, 2009} 때마침 대통령 선거에 낙선한 김 대중 전 대통령이 영국 케임브리지에 머물면서도 홍어를 먹은 것이 기사화 되면서 홍어는 대중의 이목을 집중시켰다. 홍어 전용 어선에 대한 보조금이 지급되고, 이후 김대중 후보가 1997년 대통령에 당선되면서 홍어는 남도를 넘어 전국적인 음식이 되었다.

한민족의 친근한 바다 먹거리, 홍어

홍어는 선사시대 유적에서 뼈가 발굴될 정도로 오래전부터 한민족이 먹어 온 바다 먹거리였다. 8~9세기 경주 안압지 목간木簡에 적힌 홍어의 우리말 '가화어 加火魚'라는 글자는 가장 오래된 홍어에 관한 기록이다. 홍어와 가오리를 명확하게 구분해 사용하는 이들도 있지만 생태학적으로는 큰 차이가 없는 거의 같은 종으로 보는 것이 대체적인 시각이다. 홍어는 가오리 외에도 태양어鄃陽魚, 하어荷魚, 해음어海淫魚, 분어鱝魚, 분어鱪漁 등 다양한 이름으로 불린다.

이익은 《성호사설》에서 "분어는 우리나라에서 이른바 가올어嘉兀魚라는 것이다"라고 적고 있고, 이덕무는 《청장관전서》에서 "홍어는 곧 가오리加五里다"라고 적어 놓았다. 김려는 《우해이어보》1803년에서 "청가오리는 홍어 가운데 가장 큰 것이다. 길이는 1척 반이며, 넓이는 2장으로 말 한 마리에 실을 수 있다. 등은 짙은 청색이며, 맛이 아주 좋다. 가오리는 방언으로 홍어이다"라고 말한다.박종오, 〈홍어잡이 어로방식〉, 윤현숙 외, 《홍어》, 민속원, 2009

홍어에 관한 가장 유명하고 지금까지 사람들의 입에 오르내리는 기록은 정약전이 홍어 산지 흑산도에서 유배 중에 기록한 《자산어보》1814년다. 《자산어보》속 홍어 전문을 소개한다.

큰 놈은 너비가 6~7자 정도이다. 모양은 연잎과 같은데 암놈은 크고 수놈은 작다. 검붉은색을 띠고 있다. 머리 부분에 있는 주둥이는 끝으로 갈수록 뾰족해진다. 입은 주둥이 아래쪽과 가슴과 배 사이에 일자로 벌어져 있다. 등 위의 주둥이가 시작되는 부분에 코가 있으며, 코 뒤에 눈이 있다. 꼬리는 돼지꼬리처럼 생겼고, 위쪽에는 가시가 어지럽게 돋아 나 있다. 수놈의 생식기는 두 개인데, 뼈로 이루어져 있으며 굽은 칼 모양이다. 그 아래쪽에는 고환이 달려 있다. 양 날개에는 갈고리 모양의 잔가시가 돋아있어 교미할 때 암놈의 몸을 고정시키는 역할을 한다.

암놈이 낚싯바늘을 물면 수놈이 달려들어 교미를 하다가 낚시를 들어올릴 때 함께 끌려오는 경우가 있다. 암놈은 먹이 때문에 죽고 수놈은 색을 밝히다 죽는 셈이니 지나치게 색을 밝히는 자에게 교훈이 될 만하다. 암놈의 산문은 상어와 마찬가지로 바깥에서 볼 때는 하나지만 몸속으로 들어가면 세 갈래로 갈라진다. 이 중 가운데 것은 창자로 연결되고, 양쪽 가의 것은 태보를 형성한다. 태보 위에는 알 같은 것이 붙어 있는데, 알이 없어지면서 태가 형성되고 새끼가 만들어진다. 태보 하나당 네댓 마리씩의 새끼가 생겨난다. 동지 후에 잡히기 시작하나 입춘 전후에 가장 살이 찌고 맛이 뛰어나다. 음력 2~4월이 되면 몸이 마르고 맛도 떨어진다. 회, 구이, 국, 포에 모두 적합하다. 나주 가까운 고을에 사는 사람들은 홍어를 썩혀서 먹는 것을 좋아하니 지방에 따라 음식을 먹는 기호가 다름을 알 수 있다. 가슴이나 배에 오랜 체증으로 인해 덩어리가 생긴 지병을 가진 사람들도 썩힌 홍어를 먹는다. 국을 만들어 배부르게 먹으면 몸속의 나쁜 기운을 몰아내며, 술기운을 다스리는 데도 효과가 크다. 뱀은 홍어를 꺼리는 습성이 있으므로 홍어의 비린 물을 뿌려두면 감히 인가 근처로 접근하지 못한다. 또한 뱀 물린 곳에 홍어 껍질을 붙여 두면 좋은 효험이 있다.

정약전은 흑산에서 장창대라는 어류에 해박한 젊은 사람과 교류하면서 조선 최초의 본격 어류 박물지 《자산어보》를 썼다. 지금 읽어도 어색하지 않은 문체와 세밀한 묘사가 문학적이다.

푹 삭은 홍어가 전국적으로 유명세를 떨치다

예나 지금이나 흑산도는 홍어의 고장이다. 흑산도의 홍어잡이는 10월에서 이듬해 3월까지다. 4월에서 9월까지는 홍어 어족 보호를 위한 금어기다. 겨울 진객인 대구는 수놈이 암놈보다 두 배 비싸지만 홍어는 정반대다. 홍어는 8킬로그램 이상을 최고로 친다. 오직 암놈만이 다다를 수 있는 무게다. 수놈은 아무리 커도 5킬로그램을 넘지 못한다. 8킬로그램을 1순위, 7킬로그램을 2순위, 그 밑으로 킬로그램당 순위가 한 번씩 떨어지면서 맛이 달라지고 가격이 달라진다.

특히 흑산 홍어는 흑산도 어업 조합에서 허가한 배로 잡은 홍어에만 허락된 브랜드다. 다른 지역에서 잡힌 국내산 홍어와 큰 가격 차이가 난다. 원래 흑산도 같은 홍어 산지에서는 홍어를 잡으면 곧바로 먹는 경우가 많았다. 홍어하면 떠올리는 푹 삭은 홍어는 얼마 전까지만 해도 흑산도에서는 잘 먹지 않았다. 육지에서 푹 삭은 홍어가 유행하면서 역수입된 문화다.

홍어는 또 부위별로 서열이 정해져 있다. '일 코, 이 날개, 삼 꼬리, 사 살', 코 부위가 제일 맛있고 그다음이 날개, 세 번째가 꼬리, 네 번째가 살 부위로 순서가 정해진다. 홍어 마니아가 가장 좋아하는 부위인 '애'는 영순위다. 애는 홍어의 간을 지칭하는데, 홍어만이 아니라 일반적으로 생선의 간을 애라고 부른다. "애간장이 녹는다"라는 표현은 부드럽게 녹아내리는 생선의 애에서 나온 말이다. 그만큼 부드럽고 고소하다.

흑산도 홍어를 파는 식당들은 전국으로 택배를 보낼 정도로 비싼 값에도 인기를 끌고 있다. 흑산도에서 잡힌 홍어는 배로 목포를 거쳐 나주 영산강을 최종 목표로 했다. 동력이 없던 시절 흑산도에서 나주까지는 보름 정도 걸렸다고 한다. 영산강 홍어를 삭혀 먹는 데는 이런 배경이 있다. 일제강점기에 동력선이 생기면서 빨리 홍어를 운반할 수 있게 되자 홍어 상태가 조금 달라졌다. 하루나 이틀이면 육지로 올 수 있었기 때문이다.

하지만 이런 이야기를 소설로 치는 분도 있다. 추운 겨울에 주로 잡히는 홍어가 그렇게 쉽게 상할 리 없다며, 바닷물을 계속 뿌려 가면서 홍어의 선도를 유지한 채 목포나 영산강으로 옮겨 왔다는 주장이다. 흑산도 홍어와 서해안에서 잡히는 대부분의 국내산 홍어는 물론이고 칠레산, 아르헨티나산 홍어도 목포에 모여들어 유통되는 것이 일반적이다.

목포에는 '금메달집', '덕인집' 등 유명한 식당들도 많다. 목포항 근처의 동명동시장은 광주의 양동시장과 더불어 홍어 유통의 중심지다. 목포에서는 냉동이나 냉장 상태의 비가공 홍어가 주로 유통되고, 삭힌 홍어의 70퍼센트 이상은 나주의 영산포에서 가공되어 전국으로 팔려 나간다.

홍어 수입은 1960년대 말 신흥냉동주식회사가 호주에서 홍어를 들여오면서 시작된다. 1990년대 원양회사들이 중남미로 진출하게 되고 1995년 홍어만을 취급하는 회사들이 설립되면서 미국, 칠레, 우루과이, 아르헨티나 홍어가 들어오기 시작한다. 1997년 홍어의 수입이 전면적으로 개방되면서 홍어는 급속하게 대중화된 음식으로 발전한다.

목포는 홍어를 삭혀서 묵은지, 돼지고기와 함께 먹는 홍어 삼합의 발상지로 알려져 있다. 홍어 삼합은 강한 냄새와 식감을 지닌 홍어와, 홍어 못지않게 진한 맛을 내는 묵은지와 돼지고기가 결합된 음식이다. 목포에서는 홍어를 두엄이나 짚을 넣은 항아리에 발효시켜 먹는 전통 방식도 있다.

홍어의 강한 암모니아 냄새는 홍어나 상어만이 지닌 특징이다. 심해에 사는 상어나 홍어는 강한 압력을 견디기 위한 삼투압 작용을 위해 몸속에 요소를 저장하고 있어야 한다. 홍어가 죽으면 그 요소가 암모니아와 다른 물질로 가수분해가 된다. 이 암모니아가 잡균이 살지 못하게 하는데, 이는 오랫동안 삭혀도 홍어가 부패하지 않는 이유다. 1970년대 이전 신문 기사를 보면 홍어 내장을 먹고 식중독에 걸린 기사가 종종 나오지만 사실은 간재미의 내장을 먹고 식중독에 걸린 것이다. 참홍어는 식중독균보다 강하다.

예부터 지금까지 홍어의 종착점은 나주 영산강이다. 고려 말에 왜구의 침입을 피하기 위해 섬을 비우는 공도空島 정책을 실시한 결과, 흑산도 사람들은 지금의 영산포 부근에 정착했다. 왜구가 소탕되자 주민 일부는 섬으로 돌아가고 일부는 남았다. 이때부터 흑산도와 나주 영산포 간 홍어 커넥션이 생긴 것으로 추정된다. 일제강점기에 영산강 주변은 번성한 포구였다. 현재 포구는 사라졌지만 주변에는 홍어의 거리가 조성되어 있다.

나주 시내에서 얼마를 지나 영산대교를 건너면 홍어 냄새가 진동하는 홍어의 거리가 나온다. 여기에는 40여 개가 넘는 홍어 전문점이 들어서 있다. 영산포에서는 주로 삭힌 홍어를 먹는다. "홍어를 소비하는 크기만 봐도 영산포 홍어와 타 지역이 다르다. 영산강 유역에서는 5kg 이상을, 서울·경기는 5kg, 전북지역은 4kg를 선호하는데, 5kg 이상은 숙성된 상태가 아니면 연골을 먹기가 쉽지 않다."〈강정희의 홍어이야기〉

영산포의 또 다른 홍어 문화로는 홍어보리애국이 있다. 홍어가 맛있는 시기는 1월부터지만 마니아들은 4월의 끝물 홍어를 제일로 치기도 한다. 살이 조금 물러지기 때문에 맛이 부드럽다는 이유에서다. 1970년대 초반까지만 해도 봄은 식량이 떨어지는 보릿고개 시절이었다. 영산포에서는 장에 잡균을 잡아 주는 홍어애를 넣고 보리 새순을 얹은 구황식을 먹었다. 슬픈 배경으로 탄생한 홍어보리애국은 그러나 맛있다.

생존을 위한 시절에도 사람들은 맛을 탐험했다. 홍어에 얽힌 이야기를 좇다 보면 고난과 생존의 투쟁 속에서 송곳처럼 삐죽 튀어나온 미식의 탐구자들이 보인다. 홍어는 겨울에서 초봄이 제철이다.

막걸리

톡 쏘는 탄산의 청량감, 풍부한 녹말에서 나는 단맛
가을걷이 햅쌀로 만든 막걸리는
농부들이 긴 노동을 견디게 해 주는 '농주'였다.

11월은 가을인가 겨울인가. 온도가 내려가면 미생물의 활동이 느려진다. 이맘때부터 봄까지 발효 식품은 제철을 맞는다. 김치를 담가 겨울을 나고, 콩을 삶아 메주를 만들고, 봄이면 된장과 간장을 담근다. 중국의 된장과 멘장面醬도 예외가 없다. 산둥의 명물인 멘장은 10월 말경에 시작해서 5월까지만 만든다.

일본의 사케는 '한쓰쿠리寒つくり'라고 부르는 나다灘의 제조 방법을 전국적으로 채택해 겨울에만 빚는다. "사케는 농사로 시작한다"라는 말도 있다. 봄에서 가을까지 쌀을 재배하고 겨울이면 그 쌀로 사케를 만들어 쌀농사가 시작되기 전에 사케가 완성된다. 막걸리도 같다. 가을걷이 햅쌀로 막걸리를 만든다. 봄부터 가을까지 농부들은 '농주農酒'라 부르는 막걸리를 마시며 긴 노동을 견뎠다. 톡 쏘는 탄산의 청량감, 풍부한 녹말에서 나는 단맛은 노동주로 손색없다.

음력 1755년 9월 14일에 영조는 "다시 생각해 보니, 향촌鄕村의 탁주濁酒는 바로 경중京中의 지주旨酒이니, 위로 고묘告廟하고 아래로 반포한 후에는 한결같이 해야 마땅하다. 경외의 군문軍門을 논하지 말고 제사祭祀·연례讌禮·호궤犒饋와 농주農酒는 모두 예주醴酒로 허락하되 탁주와 보리술은 일체로 엄금하라"라고 지시한다. 농주는 제사와 군인들의 음식인 호궤犒饋만큼이나 중요한, 나라의 근본을 만드는 기본이었다. 이 글을 보면 농주는 허락하고 탁주는 금지한다고 나와 있다. 농주와 탁주는 비슷하지만 완전히 같은 술은 아니다. 탁주에 물을 더 탄 것이 농주이기 때문이다. 농사일에 센 알코올은 손해가 더 크기 때문이다.

예부터 서민의 사랑을 받은 술

막걸리는 이전에는 주로 탁주로 불렸다. 막걸리라는 단어가 처음 등장하는 문헌은 19세기 초에 필사된 《광재물보》에 '濁酒탁주'와 함께 나오는 '막걸니'다. 막걸리는 한문으로 뇨醪, 앙醠, 리醨라고 쓰고, 거르지 않은 탁하고 하얗고 걸쭉한 술이라는 뜻의 탁료濁醪, 하얀 술이라는 의미로 백주白酒, 술 도수가 낮다 해서 박주薄酒, 신맛을 중화시키기 위해서 재를 넣은 탓에 회주灰酒, 찌꺼기가 있는 술이라서 재주滓酒 등으로 불렸다.

조선시대 문신 이산해는 자신의 유고집 《아계유고》1659년에 실린 〈전가잡영田家雜詠〉이라는 시에서 "벼 베기는 항상 게가 살찌는 가을이라 / 갓 빚은 막걸리濁醪로 사계를 지내니 / 농가의 이 즐거움 해마다 있는 일 / 인간 세상 만호후萬戶候가 부럽지 않다네"라고 했고, 조선 중기의 문신 계곡谿谷 장유 선생은 "저녁 밥상에는 가을 채소국 / 술지게미 둥둥 뜬 탁주 한 사발"이라고 읊었다.

대형 공장에서 생산되는 막걸리는 큰 차이가 없지만 부산의 산성막걸리 같이 전통 방식으로 만드는 막걸리는 겨울에 생산되는 막걸리가 가장 맛있다. 고려의 문신 이규보는 《동국이상국집》1241년에서 막걸리에 대한 선비다운 솔직한 고백을 적고 이를 시로 읊었다.

내가 예전에 젊었을 때 막걸리白酒 먹기를 좋아한 것은, 맑은 술을 만나기가 드물어 늘 막걸리를 마셨기 때문인데, 높은 벼슬을 거치는 동안에 늘 맑은 술을 마시게 되매 또 막걸리를 좋아하지 않았으니, 습관이 되었기 때문인가. 요새는 벼슬에서 물러나 녹이 준 때문에 맑은 술이 계속되지 못하는 때가 있어 하는 수 없이 막걸리를 마시는데, 금방 엎혀서 기분이

나쁘다. 옛날에 두자미杜子美 두보杜甫는 그의 시에서 "막걸리에 묘리가 있다濁醪有妙理" 했으니 왠지 모르겠다. 나는 옛날 늘 마시던 때에도 그저 마셨을 뿐이요, 그 좋은 점을 몰랐는데 하물며 지금이랴. 두보는 본래 궁한 사람이라 역시 그 습관으로 인하여 말한 것인지도 모를 일이다. 드디어 백주시白酒詩를 지었다.

이규보의 고백처럼 막걸리는 서민들이 먹던 술이었다. 송나라 사신 서긍이 기록한 《고려도경》1123년에는 "대체로 고려인들은 술을 좋아하지만 좋은 술을 구하기 어렵다. 서민의 집에서 마시는 것은 맛이 텁텁하고 빛깔이 진하다"라고 밝히고 있다. 막걸리가 술을 만들던 초기 형태인 점을 감안하면 《삼국지 위지동이전》280~289년 편찬 〈고구려〉 편에 나오는 선장양善藏釀도 막걸리일 가능성이 있다.

일본의 《고사기》712년에는 응신천황 때 백제의 인번仁番 혹은 수수허리須須許理라는 사람이 새로운 방법으로 미주美酒를 빚었기 때문에 그를 주신酒神으로 모셨다는 기록이 남아 있다. 수수허리가 빚은 술을 먹고 천황이 취했다는 이야기가 전해지는데, 이는 당시 일본의 술이었던 '구치카미사케口嚼酒'가 입으로 씹어 만들기 때문에 대량생산이 어렵고 도수가 3도 정도로 낮았다는 점을 감안하면, 그 술이 양조법에 의한 술이자 도수가 높은 술임을 알 수 있다.

한국 전통술의 핵심은 누룩

막걸리뿐 아니라 한국의 전통술을 만드는 데 중요한 것은 누룩이다. 순조 14년1814년 6월 5일 기록에는 "술을 빚는 근본은 누룩에 있으므로釀酒之本, 卽 在麯子, 미리 널리 효유曉諭하여 누룩을 만들어 매매하는 일이 없도록 하소 서"라는 구절이 있다. 한국의 전통술은 누룩과 물과 쌀만 있으면 어디서든 만들 수 있었다. 누룩은 녹말을 당화하고 당을 알코올로 만드는 복합 발효 가 가능한 미생물을 모두 포함하고 있다.

일본의 막걸리 도부로쿠どぶろく나 사케는 균인 코지コジ와 효모를 분리한 방 식을 사용하고 있다. 1875년 일본의 메이지 정부는 사케에 관한 일체의 규 제를 철폐하고 주세 제도를 실시한다. 그러자 3만 개가 넘는 술도가가 등록 을 했다. 등록을 통해 통제가 이루어지자 이후 주세를 강화하면서 술도가 를 줄였다. 1897년 일본 국세에서 주세가 차지하는 비율은 33퍼센트에 달할 정도로 중요한 기간산업이었다. 주세를 통한 메이지 정부의 통제 정책은 한 반도에 그대로 이식된다.

1905년부터 실질적으로 한반도를 지배한 일제는 1909년 조선에 주세법 을 적용한다. 누구나 신고하고 세금만 내면 집에서 만든 술이라도 판매를 할 수 있게 한 법이었다. 그러자 30만 개가 넘는 양조장이 통제 범위에 들어 오게 된다. 이후 조선총독부는 1930년경에 4000개 정도로 양조장을 줄인 다. 집에서 만든 술을 판매하던 업자는 1916년에 28만 9356명에 달했는데, 1932년 한 명을 마지막으로 사라진다.

"인간 세상 만호후가

　　　부럽지 않다네"

《조선총독부통계연보》를 보면 조선 술의 근간인 누룩도 1919년 2차 주세령 개정에 의해 누룩의 면허제를 실시하면서 통제가 시작된다. 1927년 2만 416개이던 누룩 제조장은 1930년 483개로 급감한다. 전통 방식의 누룩 대신에 일본의 백국白麴이나 흑균이 들어간 개량 누룩이 사용되면서 조선의 누룩은 급격하게 몰락한다. 지금도 한반도의 소주는 일본의 흑국黑麴을 사용하고 막걸리도 대부분 '일본의 나라균國麴'인 백국을 사용한다.

광복 이후에도 막걸리의 수난사는 계속된다. 1962년 서울은 51개 제조장을 12개 연합 제조장으로 통폐합했으며, 지방도 예외가 없었다. 1965년 '양곡관리법'에 의해 쌀로 만든 막걸리는 법적으로 완전히 금지되었다. 분식장려운동에 의해 막걸리는 밀가루로 만들게 되었다. 1974년 막걸리는 전 주류 판매의 77퍼센트를 차지할 정도로 절대 강자의 위치를 누리지만, 1980년대 급속한 도시화로 도시형 술인 소주와 맥주에 정상의 자리를 내준다. 1977년 쌀 자급이 100퍼센트를 넘어서자 정부에서 쌀 막걸리 시판을 허용하지만 얼마 안 가 다시 금지된다. 1980년대 들어 쌀 막걸리 시판이 재시행되고, 2000년대 들어서면서 비살균 탁주의 공급 구역 제한이 풀리면서 막걸리는 다시 부활의 발판을 마련한다.

2008년부터 막걸리는 폭풍 성장을 거듭해 2010년경 막걸리 붐이 일어난다. 일제강점기와 분식의 시대라는 시대 상황을 거치면서 힘든 세월을 겪었지만 막걸리는 사라지지 않았다. 현재 막걸리의 붐은 소강상태를 보이지만 알코올 도수가 점점 낮아지는 흐름과, 유산균이 많은 건강주를 찾는 추세에, 외환위기 때마다 싸고 저렴하고 배까지 부른 막걸리를 선호하는 현상 덕에 불씨는 살아 있다. 최근 들어 다양하고 질 좋은 막걸리들이 속속 등장하면 막걸리의 새로운 시대를 예고하고 있다.

명태

산지에서는 명태라 부르지만
얼린 것은 동태, 말린 것은 북어라 불렀다.
노랗고 살이 통통한 최우량 북어는 황태라고도 부른다.

명태에 관한 가장 오랜 기록으로는 《승정원일기》 효종 3년1652년 10월 8일 자에 나오는 "진상한 대구알젓에 명태알이 섞여 있다"라는 구절로 알려져 있었다. 하지만 필자가 확인한 바에 따르면 박계숙과 박취문 부자가 40년 시차를 두고 각각 1년간 함경도 회령에서 초급 문관으로 근무할 당시의 일을 기록한 《부북일기》 인조 23년1645년 4월 20일 자에 나오는 '生明太생명태'가

제일 오랜 기록이다.

명태는 오랫동안 한민족이 먹어 온 바다 생선이다. 러시아어 '민타이минт ай'는 우리말 명태에서 온 것이다. 중국에서도 '밍타이明太'라고 그대로 사용하거나, 작은 대구란 뜻에서 '샤쉬에狹鱈'라고 부른다. 일본의 명란젓 '멘타이코明太子'도 마찬가지다.

명태는 동해안 북부가 최대 산지다. 《부북일기》나 《승정원일기》에 명태에 관한 기록이 등장하는 17세기 중반에 명태잡이가 본격화되었다. 서해의 조기와 동해의 명태는 조선의 2대 어종이었지만, 명태가 보관과 유통이 훨씬 쉬워 더 널리 먹었다. 1990년대까지만 해도 근근이 잡히던 명태는 이제 대한민국에서는 씨가 말랐다. 국내 유통되는 명태는 대부분 러시아에서 들어오는 것이다.

명태는 겨울이 제철이다. 산지에서는 명태라 부르지만 유통을 위해 얼린 것은 동태凍太, 말린 것은 북어北魚라고 불렀다. '은어받이'라는 명칭은 명태가 먹이인 은어도루묵를 따라오기 때문에 붙은 이름이다. 색이 노랗고 살이 통통한 최우량 마른 명태는 '더덕북어' 혹은 '노랑태'라 불렀는데 오늘날의 황태黃太다.

함경도에서 주로 생산되던 황태는 분단 이후 강원도 속초 주변으로 모여든 실향민들에 의해 남한에서 생산되기 시작한다. 함경도와 날씨가 비슷한 평창군 횡계리와 인제군 용대리 같은 해발 평균 700미터가 넘는 고지대에서 만들어진다.

수정과

떡국과 만두, 약식, 식혜와 함께
수정과는 대표적인 정초 음식이다.
과식한 속을 풀어 주는 데 수정과만 한 후식이 없다.

설날에 떡국만 먹은 건 아니다. 1939년 《가정지우》 1월 호에 실린 글 〈거의 조선에 공통되는 정초 음식〉에는 떡국과 만두, 약식, 수정과, 식혜 다섯 가지를 꼽고 있다. 이 중 수정과는 "조선 요리로는 본격적인 정월 음식"〈동아일보〉, 1937년 12월 23일으로 설이면 반드시 마련하던 대표적인 명절 음식이었다.

수정과는 우리 전통 음식인 정과正果의 일종이다. 정과는 과일이나 생강,

연근, 당근, 인삼 등을 설탕이나 꿀에 조려서
만든 과자류다. 19세기에 필사된 《군학회등》
에는 정과를 수정과水正果, 음료 형태의 정과와
건정과乾正果로 나누고, 수정과는 다시 건시
수정과와 잡과수정과로 구분한다. 건시수
정과는 오늘날 우리가 먹는 곶감으로 만든 수
정과다. 잡과수정과는 유자수정과, 화채수정과, 유월도수정과, 들쭉수정과,
반도수정과 등 다양한 재료를 이용한다.

수정과를 건시와 잡과로 나눈 것에서 알 수 있듯, 가을 햇살을 닮은 붉은
홍시를 따서 꼬치에 꽂아 말린 곶감이나 꼬치에 끼지 않고 납작하게 말린
백시白柿는 수정과를 대표하는 재료였다. 수정과는 사신을 접대할 때《승정원
일기》, 1644년 9월 13일는 물론이고 제사상과 궁중 잔치에도 빠지지 않고 등장한
귀한 음식이었다.

우리나라 물산에 관한 다양한 기원을 기록한 《해동죽지》1925년에는 "백제
호白醍醐, 곶감제호탕 옛 풍속에 원나라 때 고려의 궁녀가 백시를 생강 끓인 것
에 담가 꿀을 넣어 백시제호白柿醍醐라고 했다. 지금도 집집마다 아직까지 전
해 오는데 이것을 수전과수정과라고 한다"라고 적혀 있다. 그만큼 수정과를
오래전부터 먹어 왔다는 이야기다.

설에는 과식하기 쉽다. 더부룩한 속을 풀어 주는 데 달콤하고 시원한 수
정과 한 그릇만 한 후식이 없다.

과메기

과메기는 본래 청어를 꾸둑하게 말린 생선이었다.
하지만 청어가 동해에서 사라지자 그 자리를 꽁치가 대신했다.
현재 대부분 과메기는 청어가 아닌 꽁치를 사용한다.

겨울 별미 과메기에 대한 가장 오래된 기록은 숙종 11년[1685년] 12월 28일
자 《승정원일기》다. 여기에는 과메기가 "경상도에서 정월에 대전大殿에 진
상하는 관목청어貫目靑魚"라고 나와 있다. 관목이 경상도 사투리로 불리면서
'관목이'가 '관메기'로, 그게 다시 '과메기'로 변했다는 설이 가장 설득력을
얻고 있다.

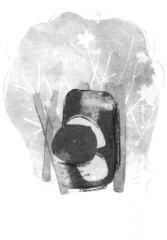

이처럼 과메기는 본래 청어를 꾸둑하게 말린 생선이었다. 과메기의 주 생산지는 경상도 영일현迎日縣. 현 포항이었다. 물고기에 대한 기록《전어지》1827년에 청어과메기에 관한 자세한 기록이 나온다.

> 청어: 등을 따개지 아니하고, 다만 볏짚으로 꼰 새끼로 엮어서 햇볕에 말리면 멀리 보낼 수 있고, 오래 두어도 상하지 아니한다. 통속적으로 부르기를 관목貫目이라고 하는데, 두 눈이 투명해서 가히 노끈으로 꿸 수가 있으므로 이렇게 붙인 것이다.

동해 북쪽의 겨울 생선이 명태였다면, 남쪽은 청어의 바다였다. 고려시대부터 먹어 왔던 청어는 내륙 유통을 위해 바싹 말린 건청어乾靑魚나 반건조한 과메기 형태로 가공되어 유통되었다. 일제강점기 신문과 잡지에는 '관목', '과미기', '비웃'이 반건조 청어라는 뜻으로 사용된다. 비웃을 '肥儒비유'라고 한문으로 표기하고 '선비를 살찌우는 생선'으로 해석하는 경우가 많지만, 비웃은 중국에서 청어를 뜻하는 말인 '壁魚벽어'의 중국어 발음 '비유이'에서 온 말이다.〈동아일보〉, 1939년 5월 9일

중국의 청어靑魚는 민물 생선이다. 일본에서는 청어靑魚를 "조선에서 온 것으로 고라이이와시高麗鰯, 조선 정어리라 부른다."《야마토본초(大和本草)》, 1709년 청어가 동해에서 사라지자 그 자리를 꽁치가 대신했다. 현재 대부분 과메기는 청어가 아닌 꽁치를 사용한다. 1980년대 초반 꽁치로 만든 과메기가 포항 일대

식당에서 판매되기 시작했고, 포항 출신인 이명박 전 대통령 시절인 2000년대 후반 전국적인 음식으로 도약한다. 최근 동해에서 청어가 다시 잡히면서 청어과메기도 다시 등장했다.

韓食

날
마
다

기
분
따
라

설렁탕과 곰탕

오늘은 뼈가 중심이 되어 하얗고 탁한 국물이면 설렁탕,
뼈보다는 내장이나 살에서 우려내 맑은 국물이면 곰탕이라고 구분한다.
하지만 칼로 자르듯이 명확한 기준은 아니다.

막장 드라마를 볼 때마다 감탄한다. 인간관계의 복잡함과 다양함, 그리고 새로움 때문이다. 설정을 끊임없이 만들어 내는 작가들 몸속에 인간관계를 설정하는 거미줄이 들어 있지 않을까 하는 생각까지 든다. 막장 드라마의 첫 번째 원칙은 출생의 비밀이다. 음식도 놀라운 상상력과 창의력이 결합되어 극적으로 탄생하는 경우가 많다. 임금이 먹다 '도로 물러라' 해서 비롯되

었다는 도루묵의 어원이나, '꼼지락거린다' 해서 꼼장어라는 이름이 만들어졌다는 탄생 설화는 그럴듯하고 재미있지만, 이들은 설렁탕에 비하면 애교에 가깝다.

20세기 이전 서양에서나 동양에서나 쇠고기는 귀한 식재료였다. 가죽을 벗겨 내 내장과 피를 빼내고 뼈를 발라낸 뒤 남은 정육精肉을 먹을 수 있는 권리는 누구에게나 주어진 것이 아니었다. 그렇다고 오랫동안 사람들이 쇠고기 맛을 못 보고 살아온 것은 아니다. 먹는 방식이 조금 달랐을 뿐이다. 귀한 쇠고기를 많은 사람들이 먹을 수 있는 방법은 국물이 유일하다. 소머리와 사골, 내장, 피 같은 온갖 잡스러운 부위들은 사람 취급도 못 받던 백정이나 성균관 반인泮人 들의 삯이었다. 소를 잡는 건 그들의 몫이었지만 살코기는 아니었다. 민중의 고기 문화가 고기의 달인이었을 그들에 의해 만들어지는 것은 당연하다. 이에 설렁탕, 곰탕, 선짓국, 해장국, 잡탕, 국밥 등 다양한 이름으로 불린 고기탕 문화가 이들에 의해 생겼을 거라 추정되지만 심증만 있을 뿐 물증은 거의 없다.

꼬리에 꼬리를 무는 설렁탕 출생의 비밀

설렁탕이 대중들이 열광하는 음식이 되고부터는 출생에 대한 이야기들이 꼬리에 꼬리를 물고 나타났다. 막장 드라마에서 대중의 흥미를 끌기 위해 재벌가가 단골 소재로 등장하는 것처럼 왕조 시대의 주인공은 당연히 왕이다. 조선 최고의 왕 세종대왕은 설렁탕 탄생 설화의 주인공으로 가장 적합한 인기 스타였다.

세종대왕이 농사의 신에게 드리는 제사인 선농단先農壇에 참석했다가 비가 와서 제단에 바친 소를 잡아 탕으로 끓여 먹었다는 이야기는, 세종대왕의 성품과 설렁탕의 한자 표기와 맞물려 누구도 부정할 수 없는 거짓 신화가 되고 말았다. 거기에 야사와 각종 언어학적 창작이 더해져 설렁탕의 탄생은 '피타고라스의 정리'처럼 완벽한 모습을 갖추었다. '선농단에서 만든 탕'이라는 의미로 선농탕先農湯이 되었고, 선농탕이 음의 변화를 통해 설렁탕이 되었다는 이야기가 시작이었다. 설렁탕은 '선농단에서 생겨난 탕'이라는 뜻의 또 다른 표현인 설농탕設農湯이 되기도 하고, '눈처럼 하얗고 진한 국물'이라는 의미를 지닌 설농탕雪濃湯으로까지 변형된다.

한번 시작된 이야기는 다시 새로운 이야기를 탄생시킨다. 선농제에서 실제 제사를 지낸 임금이 나타난 것이다. 조선의 9대 임금인 성종이 설렁탕의 새로운 주연으로 등장한다. 《조선왕조실록》에 기록된 성종의 실제 선농제 이야기는 역사적 사실을 기반으로 한 새로운 이야기를 만들어 낸다.

그러나 당시 기록 어디에도 '선농탕', '설농탕', '설렁탕'이라는 말은 등장하지 않는다. 후세의 호사가들이 지어 낸 이야기일 뿐이다. 실제로 선농제에 올린 고기는 양반들에게 배분되었다. 하지만 선농제에서 가장 중요한 친경 제소를 이용한 밭갈이 행사에 쓰인 소들은 조선에서 사람보다 귀한 존재였다. 그 소들은 평생 전생서나 사축서에서 백성이 먹는 음식보다 좋은 음식을 먹고 살다 죽었다.

예상치 못한 곰탕의 등장

선농단의 설렁탕 설은 1940년 홍선표가 출간한 《조선요리학》이라는 책에 처음 등장한다. 설렁탕 이야기만으로도 벅찬데 여기에서 갑자기 곰탕이 설렁탕 이야기에 끼어든다. 막장 드라마로 치면 배 다른 동생이거나 신분이 다른 쌍둥이가 나타난 것이다. 곰탕의 등장은 설렁탕을 새로운 국면으로 이끈다. 미국 아이비리그를 우수한 성적으로 졸업하고 돌아온 동생처럼 곰탕이 등장하면서 설렁탕은 몽골이라는 고기 문화의 절대 강자와 맞닥뜨린다.

1768년 이억성이 엮어 간행한 몽골말 학습서인 《몽어유해》에는 '공탕空湯'이 나온다. 공탕을 '고기 삶은 물'이라는 해석과 함께 몽골어로 '슈루'라고 적고 있다. 1788년에 지어진 외국어 학습서인 《방언집석》에는 공탕을 '고기물고기물'이라고 표기하고, 한나라에서는 '콩탕', 청나라에서는 '실러', 몽골에서는 '슐루'라고 부른다고 쓰여 있다. 음식문화학자들과 언어학자들이 이 설에 대한 몇 편의 논문을 발표하면서 슈루나 슐루는 곰탕과 설렁탕의 확실한 친부모로 굳어지는 듯했다.

그러나 과연 이들이 진짜 친부모일까? 출생의 비밀은 그리 간단치 않다. 두 학습서에 공통으로 등장하는 슈루 혹은 슐루가 설렁으로 음운이 변하거나 공탕이 곰탕으로 바뀌었다는 이야기가 공탕의 설렁탕·곰탕 기원설의 핵심이다. 하지만 두 책이 모두 외국어 학습서인 점을 감안하면, 한국말 설명인 고기물을 우리 민족이 더 보편적으로 사용했음을 추측할 수 있다.

새롭게 설렁탕의 고향으로 지목되는 개성

설렁탕과 곰탕의 고향이 몽골이 아닌 개성일 것이라는 주장이 20세기 중반 이후 신문과 잡지에 나오거나 야화로 등장한다. 몽골인들이 주로 먹는 고기는 소가 아니라 양이다. 소는 유목민에게 맞는 가축이 아니다. 소는 농경민족에게는 지금의 경운기처럼 필수 불가결한 가축이었다. 설렁탕의 새로운 출생의 비밀을 가진 고향으로는 개성이 등장하는데, '설렁'이 개성의 '설령薛鈴'이라는 사람 이름에서 나왔다는 것이었다.

고려의 수도 개성이 조선의 수도 한양에 수도의 지위를 넘겨주자 수많은 사람들이 한양으로 옮겨 왔다. '설령'이라는 고기의 달인이 한양으로 와 만들어 판 고깃국이 인기를 얻자, 음식에 '설령이 만든 탕'이라는 의미로 설렁탕이 되었다는 이야기다. 오래된 설렁탕집 주인들의 증언에 나오는 이 이야기는 그냥 지나칠 수만은 없다. 불교 국가인 통일신라와 고려를 거치면서 많이 사라진 고기 문화의 전통이 고려의 개성에 깊게 남아 있었기 때문이다.

개성은 국제도시였다. 그래서 중국에는 가장 번성했던 상인 집단인 송상宋商들이 번질나게 드나들었고, 육식 문화에 익숙한 외국인들이 상주하고 있었다. 거기에 더해 몽골이 13세기 중반 이후 고려 왕실에 강력한 영향력을 발휘하기 시작하면서 다양한 고기 문화를 알고 있던 회회인들과 몽골인들의 고기 문화가 개성에 자리 잡게 된다.

고려가사인 〈쌍화점〉에도 고기가 들어간 회회아비의 만두가 등장할 정도로 개성의 고기 문화는 뿌리 깊은 것이었다. 한국인이 가장 즐겨 먹는 삼겹살의 기원도 개성이다. 개성에서 먹던 '세겹살'이 삼겹살로 바뀌어 가장 대중적인 고기 음식이 되었다. 불고기의 원형으로 보이는 설적薛炙도 개성의 음식이다. 서울에서 백정과 더불어 고기를 취급할 수 있었던 성균관 반인들도 모두 개성 성균관에서 옮겨 온 개성 사람들이었다.

일본인 학자에게서 발견되는 실마리

끝없이 이어지는 막장 드라마의 인간관계처럼 설렁탕 탄생설에 이번에는 조선어를 연구한 일본인 학자가 새로운 이야기를 던진다. 역사학자이자 언어학자이면서 이두 전문가였던 아유카이 후사노신鮎貝房之進은 1938년 발간한 《잡고》한국 역사상의 여러 술어들을 풀이한 책라는 책에서 "설넝은 잡雜이다"라고 적고 있다. 소의 거의 모든 부위가 들어간 설렁탕을 생각하면 깊이 새겨볼 만한 구절이다. 설렁의 어원이 우리의 고유어였을 가능성을 제시한다는 점에서 곱씹어 봐야 할 말이다.

그는 백정의 기원과 다양한 조리법이 고려 말 몽골에서 들어온 '달단화척韃靼禾尺'에 의해 시작된다고 보고 있다. 몽골 멸망 이후 그들은 조선 사회에서 고기 도축업을 전문적으로 맡았고, 백정들은 그들의 후손이었다. 고기 국물이나 내장을 먹는 음식 문화는 그들에게서 왔을 가능성이 높다는 것이 그의 주장이다. 공탕과 슈루 혹은 슐루가 설렁탕과 곰탕의 기원이라는 설과 개성을 근거지로 했던 달단화척의 이야기를 결합해 보면, 설렁탕이나 곰탕의 음식 문화는 고려 말 개성에서 몽골 출신의 달단화척들에 의해 시작되었을 가능성이 높다.

설렁탕과 곰탕에 대한 본격적인 기록

출생의 비밀은 많지만 실제 설렁탕이라는 말은 언제부터 등장할까? 설렁탕이라는 말이 명확하게 등장하는 것은 1890년에 발간된 언더우드의 《한영자전》이 처음이다. '셜넝탕'이라는 단어가 《한영자전》에 기록된 것으로 보아서, 설렁탕은 19세기 후반에는 상당히 대중화된 음식이었음이 분명하다.

곰탕이라는 말은 20세기 중반에서야 모습을 드러낸다. 곰탕은 공탕으로 보는 설이 강력하게 존재한다. 하지만 기록을 살펴보면 곰탕은 '곰膏'이나 '고음膏飲'에서 탄생한 것으로 보는 것이 더 설득력이 있다. 곰은 기름이 나온다는 의미다. 다시 말하면 고기 기름이 물에 섞여 나온다는 뜻이다.

설렁탕이 처음 등장하는 《한영자전》에는 '셜넝탕'을 "a kind of meat soup", 즉 '고기 국물'이라고 소개한다. 그런데 같은 사전에 등장하는 '곰膏'에도 "a kind of meat soup"라고 설렁탕과 같은 영어 설명이 붙어 있다. 곰탕이 곰에서 유래했다고 볼 수 있는 상당히 구체적인 증거다.

곰탕이 곰에서 유래된 것으로 가정한다면, 곰탕과 관련된 기록은 1800년 발간된 《능소주다식 조석상식발기》에 등장하는 '고음탕'으로 기록이 거슬러 올라간다. 설렁탕과 곰의 이름은 19세기부터 등장하지만, 고기 국물을 먹는 문화가 그 이전에 있었다는 것은 충분히 예상 가능한 시나리오다.

우리 민족이 사용한 고기 국물을 지칭하는 대표적인 말은 '육즙肉汁'이다.

《조선왕조실록》 태종 3년1403년에 육즙을 신하에게 내려 주는 것을 시작으로 조선시대 기록에는 육즙이 빈번하게 등장한다. 그러나 육즙은 '즙'이라는 이름처럼 주로 치료용으로 많이 사용되었다. 원기가 부족한 환자들에게 고기 국물은 약이었다. 고기 국물이라는 의미의 '대갱읍大羹湆', 쇠고기 국물을 뜻하는 '향臠', 양고기 국물을 의미하는 '훈臐', 돼지고기 국물을 지칭하는 '효膮'도 조선시대에 자주 사용되었다. 하지만 거의 제사에 올리는 음식으로 등장한다는 점에서 대중 음식인 설렁탕이나 곰탕과는 거리가 있어 보인다.

여전히 출생의 비밀을 간직한 근래의 설렁탕과 곰탕

요즘은 뼈가 중심이 되어 하얗고 탁한 국물이면 설렁탕, 뼈보다는 내장이나 살에서 우려낸 맑은 국물이면 곰탕이라고 구분한다. 하지만 칼로 자르듯이 명확한 기준은 아니다. 20세기 초 기록들은 하나같이 설렁탕을 설명하면서 소머리를 특징으로 내세운다. 하얀 갈기 깃발이 냉면집의 상징이었다면, 소머리는 설렁탕집의 아이콘이었다. 지금은 소머리로 국물을 낸 소머리국밥은 설렁탕이나 곰탕과는 다른 음식으로 분화되었지만, 20세기 중반까지 이런 구분은 거의 없었다.

설렁탕은 서울의 음식이었다. 서울이 설렁탕의 메카였다는 기사를 흔히 볼 수 있다. 1924년 〈동아일보〉의 기사를 보면, 서울에만 100개 정도 되는 설렁탕집이 있었다고 한다. 수많은 이야기가 들고 났지만 설렁탕이나 곰탕이 정식 이름을 달고 세상에 나온 것은 아무래도 외식이 본격화된 19세기

158

이후일 가능성이 유력하다. 1920년대 신문을 들여다보면 유명한 설렁탕 동네로 장교동과 남대문 성 밖인 잠배, 그리고 인사동이 자주 등장한다. 현재까지 가장 오래된 설렁탕집으로 알려진 '이문설렁탕'도 그때부터 유명했다.

얽히고설킨 설렁탕과 곰탕의 탄생 설화를 따라가다 보니 나도 머리가 아파 온다. 글을 쓰는 내내 '하동관'의 곰탕이 떠올랐다. 하동관의 맑고 깊고 진한 곰탕을 먹을 때마다 나는 서울에 사는 작은 특권에 감사한다. 봄날이 지나고 날이 더워지면 따듯한 고기 국물 먹기가 부담스러워진다. 끝물의 설렁탕과 곰탕을 놓치면 찬바람이 부는 늦가을까지 기다려야 한다.

감자탕

감자탕은 고기 문화의 본격적인 시작이자,
배고픔을 해결하는 문화의 마지막에 등장하는 음식이다.
이런 과도기를 거쳐 1990년대 대중 음식으로 자리를 잡았다.

감자탕에 관한 설은 설렁탕에는 못 미치지만 그 폭에 있어서는 결코 뒤지
지 않는다. 설화 같은 감자탕의 기원에 대한 이야기는 신라시대로 거슬러 올
라간다. 당시 돼지고기를 즐겨 먹던 전라도 사람들이 돼지 등뼈 속에 있는
골수를 감자라 불러 감자탕이라는 이름이 붙었다는 것이다. 신라시대 전라
도에서 즐겨 먹던 돼지 등뼈와 감자라는 전문 용어까지 곁들여진 이 설화는

상당히 많은 사람이 믿고 있는 이야기다. 물론 근거가 되는 자료나 정확한 증언은 없다. 돼지고기부터가 한민족이 즐겨 먹던 고기는 아니었다.

최근에는 감자탕의 인천 기원설이 새롭게 등장했다. '한동길감자탕'이라는 브랜드로 프랜차이즈 사업을 하는 곳에서 나온 이야기다. 전라북도 순창에서 한약방을 운영하던 한의사의 아들인 한동길은 동학농민운동에 휘말려 인천으로 이주한 뒤 경인철도에서 일하게 되었는데, 그곳에서 끼니를 거르는 노동자를 위해 값싼 재료인 시래기, 감자, 돼지뼈를 이용해 탕국을 만들어 인기를 얻었고, 1900년 한강철교공사가 진행 중이던 노량진 근처에 '함바집'을 열고 운영하면서 본격적인 감자탕의 역사가 시작되었다는 것이다. 하지만 감자탕의 인천 기원설은 증언에만 의지하는 한계가 있다.

감자탕, 감잣국, 뼈해장국은 다 같은 음식

감자탕이라는 이름은 1970년대 지나면서 나타나, 본격적으로 사용된 것은 1990년대 들어서다. 감자탕이라고 가장 많이 쓰지만 감잣국, 뼈해장국 등이 다 같은 음식이다. 현재까지 감자탕을 파는 식당 중 가장 오래된 것으로 알려진 돈암동의 '태조감자국'은 감자탕을 감잣국이라 부르고, 가장 유명한 감자탕 골목에 있는 대림동의 식당들도 감잣국이라 부른다. 거기에 감자와 더불어 감자탕을 구성하는 또 하나의 축인 돼지뼈를 사용해 뼈다귓국, 뼈다귀탕, 뼈다귀해장국 같은 이름도 여러 곳에서 사용되고 있다. 또한 비짓국에 감자뼈를 넣는 문화도 있다.

감잣국과 감자탕의 차이는 요리상으로는 없다. 감잣국이 먼저 쓰이고 감자탕은 나중에 사용되었지만, 현재는 감자탕이 더 많이 쓰이고 있다. '탕湯'은 '국'의 한자어 표기다. 그래서 탕을 조금 더 높여 부르는 말로 사용하는 경우가 많다. 남한에서는 탕과 국을 구별하지 않지만, 북한에서는 국에 비해 탕은 국물이 적고 건더기가 많은 것을 말한다. 국물보다 돼지뼈와 감자가 가득한 감자탕은 북한식 기준으로 보면 상당히 적합한 단어다.

감자탕의 조상으로 생각되는 음식은 뼈다귓국이다. 뼈다귓국에 관한 기록은 조리서에는 거의 등장하지 않는다. 잡지 《별건곤》에 실린 〈변장출동 임시○○되여본 기〉라는 1927년 10월 1일 자 기사에는 추탕鰍湯집 머슴으로 이틀 동안 더부살이한 기자의 체험기가 실렸다. 이 기사에는 "아침 해장거리의 뼈다귀국"이 등장한다. 추어탕과 제육 불고기를 파는 집임을 감안하면 여기에 등장하는 뼈다귓국은 돼지뼈다귓국일 가능성이 높다.

감자는 일제가 한반도에 적극적으로 권장한 작물이었다. 강원도, 함경도처럼 작물이 자라기 어려운 곳에서도 감자는 잘 자라서 쪄 먹거나, 녹말로 가공해 국수로 만들거나 알코올로 만들 수 있는 매력적인 작물이다. 1930년대 말 전쟁의 확산으로 식량 부족이 가속화되면서 감자는 최고의 식재료로 선정된다.

싼값에 고기 맛도 보고 배도 채우고

지금의 감자탕과 매우 흡사한 요리는 1958년 6월 29일 자 〈동아일보〉 기사에 등장한다. 개성 출신의 동화작가이자 당대 최고의 미식가로 유명했던 마해송 선생이 쓴 글에 "따귀집이 더 좋다. 돼지뼈다귀 살점 다 긁어버린 뼈다귀만 여름이면 감자하고 삶는다기보다 곤 국물 한 뚝배기에 오십 환 약주가 장안 제일일 게다"라는 구절이 나온다. 지금의 감자탕 모습과 별반 다르지 않다. 그러나 뼈다귀와 감자를 함께 먹는 기사는 이 기사 외에는 거의 발견되지 않는다. 고은 선생의 자전소설인《나의 산하 나의 삶》에는 "(전후에 문인들과 명동 등을 다니며) 안수길은 술을 별로 마시지 않지만 돼지뼈다귀 우린 감자국 건더기는 아주 좋아하며"라고 쓴 대목도 나온다.

돈암동 제일시장의 터줏대감 '태조감자국'이 처음 문을 연 시기는 1958년으로 알려져 있다. 1958년 마해송 선생의 기사와 태조감자국의 창업 연도가 겹치는 것은 우연이지만 적어도 1950년대 중반부터는 뼈다귀탕이든 감잣국이든 지금의 감자탕 외식 문화가 시작되었음을 추정할 수 있다. 감자탕이라는 이름을 단 정식 요리법은 1970년대에 등장한다.

> 감자탕도 술안주뿐만 아니라 밥반찬으로 특별한 맛이 있다. 통감자와 돼지고기 뼈를 썰어 넣고 곰탕고듯 푹 고아서 소금장이나 양념장을 곁들이면 한결 부드러운 영양식이 된다. ("겨우살이 지혜 〈4〉", 〈경향신문〉, 1972년 11월 3일)

싼값에 고기를 맛보고 감자의 포만감도 동시에 느낄 수 있는 감자탕집은 술 마시며 이야기하는 것이 가장 중요했던 1980년대 초중반 대학생들에게는 토론장이자 학습장이었다. 1975년 대학로에서 관악산 중턱으로 옮겨 간 서울대학교 학생들은 산 밑의 벌판을 나와 지금 봉천역 주변의 녹두거리로 몰려들었다. 당시 유일했던 술집인 '녹두집'에서는 동동주, 소주와 함께 감자탕을 팔았다. 학생들은 이곳에 모여 토론하고 공부하고 조직을 구성했다. 학생들이 몰려들자 '일미집', '청벽집', '초가집', '달구지' 같은 주점들이 들어섰고 학생들은 이곳을 녹두거리라 불렀다. 녹두거리는 서울대 제2캠퍼스라는 별칭까지 붙었는데, 당시 이곳을 번질나게 드나들던 학생들의 한결같은 증언은 "허기를 채운 건 8할이 감자탕"이었다는 것이다.

1984년 학원 자율화 조치 이후 대학생 과외가 허용되자 서울대학교 학생들의 지갑도 두툼해졌다. 1987년 직선제 쟁취와 이어지는 민주화 때문에 대학생들의 운동 열기는 점차 사그라졌다. 녹두거리의 대포집들은 맥주집, 카페에 밀려 하나둘씩 사라졌다. 1986년 거리 이름이 되었던 녹두집도 문을 닫았다. 대포집 문화와 감자탕 문화도 이후 사라졌다.

녹두거리 감자탕집의 생성과 소멸은 감자탕의 성격을 그대로 보여 준다. 감자탕은 투박한 이름과 거친 모양새에서 보이는 것처럼 고기 문화의 본격적인 시작이자, 배고픔을 해결하는 문화의 마지막에 등장한 음식이다. 이런 과도기를 거쳐 1990년대에 본격적으로 보통 사람들의 대중적인 음식으로 자리를 잡게 된다.

도시 개발과 감자탕 거리의 흥망성쇠

한국에서 고기를 처리하는 방식은 서양과 많이 다르다. 우리는 뼈에 붙은 고기를 최대한 발라낸다. 더는 발라낼 수 없는 돼지 등뼈의 살들이 살아남아 가난한 사람들의 식탁에 올랐다. 1960년대 중반부터 시작된 일본으로의 돼지고기 수출이 정육 중심으로 재편되면서 수출이 불가능한 머리, 다리, 내장, 뼈 같은 부산물들이 시장으로 쏟아져 나왔고, 감자탕의 대중화는 이때와 패를 같이한다. 동대문과 창신동, 청계천으로 이어지는 작은 공단 주변으로 돼지곱창, 돼지족발, 순댓국, 감자탕 가게들이 빼곡하게 들어섰다. 남대문이든 돈암동이든 천호동이든 이런 돼지 부산물을 이용한 음식은 사람들을 불러 모았다.

호남선 기차가 출발하는 용산역 앞에는 기차를 이용하는 사람들과 나진상가 자리에 있던 청과·야채 도매시장에서 물건을 사려는 사람들로 넘쳐났고, 주변에는 술집과 순댓국밥집이 자리를 잡았다. 순댓국밥집들 사이에서 1986년 푸짐함에서 앞서는 감자탕이 등장하자 먹거리촌의 판도는 급격하게 신흥 강자의 몫이 된다. 작은 평수의 일곱 집이 통로를 터서 영업을 확장하면서 용산은 감자탕의 메카가 된다. 그러나 2000년 들어 위생 문제로 된서리를 맞더니 용산 일대가 재개발되면서 번성했던 감자탕 거리는 사라졌고, 주변으로 가게가 뿔뿔이 흩어졌다.

저렴한 가격에 푸짐한 고기와 감자, 채소를 탕으로 먹을 수 있는 감자탕은 한국인이 좋아할 만한 외식의 요소가 다양하게 있다. 돼지고기를 좋아하는 중국인 관광객들도 감자탕을 좋아한다. 1980년대 중반 이후 서울의 감자탕 문화는 쇠퇴하지만 부천의 원미동이나 원당 등 외곽에서는 감자탕 문화가 본격화된다. 1990년대 들어서면서 감자탕은 프랜차이즈를 통한 외식의 중심 아이템으로 본격 변신한다.

돼지국밥

돼지국밥은 고단한 육신을 위한 음식이다.
장돌뱅이와 실향민에서 노동자와 운전기사까지
가진 것 없이 오직 노동으로 살아야 했던 이들이 먹었다.

영화 〈변호인〉의 흥행으로 덩달아 돼지국밥이 주목받고 있다. 돼지국밥의 기원에 대해 여러 가지 설이 있으나 일제강점기와 광복, 한국전쟁 등 역사의 소용돌이 속에서 거친 세파를 온몸으로 맞아야 했던 궁핍의 시대가 낳은 산물이라는 데에는 이견이 없다.

한때 고故 노무현 대통령의 삶을 모티브로 한 영화 〈변호인〉이 사람들을 들었다 놨다 했다. 그 영화를 본 사람이면 누구나 부산의 돼지국밥을 생각하지 않을 수 없다. 돼지국밥은 음식 전문가들이나 평범한 부산 사람들이나 변호사처럼 공부 좀 한 사람들까지 누구나 좋아하는 부산의 음식이자 경상도의 보편적인 외식 메뉴다.

다른 지역에 돼지국밥 문화가 없는 것은 아니지만 그 수와 질에서 현저한 차이가 난다. 그런데 가만히 들여다보면 돼지국밥이라는 단어가 없는 것이지, 돼지국물에 돼지 내장과 살코기를 넣어 밥을 말아 먹는 문화가 없는 것은 아니다. 돼지국밥과 순대국밥은 비슷한 음식이다. 아주 사소한 것을 빼고 돼지국밥과 순대국밥의 차이는 알아차리기 힘들다. 돼지의 머리뼈와 살코기를 넣고 국물을 우려내고 돼지고기 꾸미를 얹어서 내놓는 방식이 모두 동일하다. 이름이 다를 뿐이다. 막국수와 냉면이 같은 음식이면서 이름으로 완전히 다른 음식이 된 것처럼 순대국밥과 돼지국밥의 운명도 쌍둥이처럼 닮았다.

돼지가 한국인의 음식 문화에 깊숙이 자리 잡은 건 그리 오래된 일이 아니다. 19세기 전까지 돼지는 한국인이 그다지 즐겨 먹는 식재료가 아니었다. 거의 완전한 농경사회에서 돼지는 쓸모 있는 가축이 아니었기 때문이다. 논을 갈고 물건을 운반하는 소가 육고기의 중심에 있었다. 집집마다 자명종 역할을 하면서 달걀을 낳고 살코기를 내어 주는 닭도 중요한 단백질 공급원이었다.

돼지를 이 땅에서 본격적으로 먹기 시작한 것은 19세기 말 중국인들이 들어오면서부터다. 1910년대 일제는 농촌 부업으로 돼지 사육을 권장한다. 돼지는 이때부터 급속도로 보급된다. 1930년대 '평북돈'이라는 개량 돼지는 돼지고기의 본고장인 중국에 수출될 정도였다. 육고기가 귀하던 한족은 정교하고 세밀하고 풍성하게 고기를 먹었다. 버리는 부위가 거의 없고 많은 사람이 나눠 먹을 수 있는 탕 문화가 기본적인 음식 문화가 되었다.

궁핍의 시대가 낳은 산물, 돼지국밥

돼지국밥의 유래에 대해서는 여러 이야기가 있다. 북한 실향민들의 돼지 음식 문화에서 나온 이북식 돼지국밥, 밀양의 무안면에서 시작된 밀양식 돼지국밥, 그리고 경상도에서 자생적으로 발생한 경상도식 돼지국밥이 주를 이룬다. 나는 이 세 가지 설이 다 맞다고 생각한다. 세 가지 음식이 이름은 같지만 그 맛은 상당히 다르기 때문이고, 순대국밥과 마찬가지로 일제강점기 말기에서 해방 공간으로 이어지는 궁핍의 시대가 낳은 산물이기 때문이다. 경상도 돼지국밥의 시작점은 연구가 진행되면서 점차 연도가 낮아지고 있다. 최근에는 1930년대 말로 시작점이 내려갔다.

일제강점기 전부터 제주 사람들이 많이 정착한 부산의 영도에는 1938년 문을 열어 지금까지 영업하고 있다고 주장하는 '소문난국밥집'이 있다. 울산 출신의 할머니가 처음 시작했는데, 배로 실려 온 제주 똥돼지를 집에서 직접 도축해서 썼다고 한다. 이 집의 맑은 국물은 제주식 돼지국밥의 국물과 닮았다. 한반도에서 가장 번성한 제주의 돼지 음식 문화가 돼지국밥과 일정한 연관성을 지녔을지도 모르는 중요한 단서다. 서면의 '포항할매국밥'도 1940년대 초반 창업했다고 이야기하고, '송정3대국밥'은 1948년 창업했다고 주장한다. 밀양식 돼지국밥집의 기원도 1940년대로 추정된다.

돼지고기 문화가 본격적으로 대중화된 계기를 1960년대 일본으로의 돼지고기 수출로 보는 시각이 많지만, 일제강점기부터 돼지는 농가의 중요한 부수입원이었다. 인구 2000만 명의 조선에 1930년대 후반 돼지가 150만 마리 사육되었다. 1930년대 과잉 공급된 돼지 덕에 햄과 소시지 가공공장이 전국적으로 생겨날 정도였다. 그러나 1930년대와 1940년대 돼지국밥에 대한 기록은 없다. 증언과 '그럴 가능성'만 있을 뿐이다. 현재 확인된 가장 오래된 돼지국밥 기록은 1968년 6월 12일 자 〈동아일보〉와 〈경향신문〉에 나온다. 이북 기원설도 기록보다는 증언에 의지하고 있지만 구체적인 사실은 강력한 지지를 받고 있다. 전쟁 통에 먹던 꿀꿀이죽과 이북식 순대국밥이 결합해 돼지국밥이 탄생했다는 설, 이북식 돼지 음식 문화가 부산에 정착하면서 돼지국밥이 본격적인 외식 메뉴가 되었다는 이야기는 거의 정설처럼 되어 있다.

돼지국밥의 진화

이북식 돼지국밥의 원조집 중 하나인 범일동의 '할매국밥'은 1956년 문을 열었다. 할매국밥은 당시 가장 싼 부위인 돼지머리로 국을 끓여 돼지머리

살코기를 얹어 낸 국밥을 팔았다. 이북식 돼지국밥의 큰 특징은 돼지 살코기를 이용한 맑은 국물을 기본으로 한다는 점이다. 실향민에게서 돼지국밥 만드는 법을 배워 1952년 창업한 '하동집'이나, 국제시장 옆 케네디시장에서 돼지국밥을 팔던 실향민 할머니들에게서 돼지국밥 만드는 법을 배워 1968년 장사하게 된 '신창국밥'은 모두 맑은 국물의 돼지국밥을 낸다. 그렇지만 돼지머리를 이용한 돼지국밥이 최근 들어 부산에서 사라지고 있다. 대신 삼겹살이나 항정살 같은 비싼 부위로 국물을 내는 새로운 돼지국밥이 생겨났다. 할매국밥도 창업주가 돌아가신 뒤로는 돼지머리 대신에 삼겹살을 주로 사용한다.

대구의 봉덕시장에는 돼지머리를 이용한 돼지국밥을 파는 집들이 몇 군데 몰려 있다. 돼지국밥 거리가 형성된 것은 1970년대로 추정된다. 대구의 돼지국밥 문화는 봉덕시장식 돼지머리국밥과, 꾸미와 고명이 없는 명덕시장식 국밥에, 밥을 따로 주는 대구의 독특한 따로국밥 문화가 결합된 따로돼지국밥 등으로 진화, 발전하고 있다.

경상도식 돼지국밥은 주로 뼈를 사용하는 탓에 국물이 탁하다. 경상도식 돼지국밥은 사상버스터미널과 옛날 부산서부터미널이 있던 범일동 평화도매시장 주변에 많다. 서부터미널 주변에 1960년대부터 형성된 돼지국밥집은 1970년대 전성기를 맞이하지만, 1985년 서부터미널이 사상으로 옮겨 가면서 지금의 세 집만 남았다.

만화책 《식객》에 나와 유명해진 '마산식당'은 1960년대 마산에서 온 할머니가 창업한 식당이다. 교통의 요충지에 몰려든 택시 기사와 버스 기사에게 국밥을 팔며 생계를 이어 온 할머니들과 아주머니들의 생과 노동이 돼지국밥 한 그릇에 고스란히 담겨 있다.

부산과 함께 돼지국밥의 발상지로 알려진 밀양의 무안면에는 쇠고기 육수에 돼지고기를 넣어 파는 독특한 돼지국밥이 있다. 1940년 '양산식당'에서 시작한 이 돼지국밥은 세 명의 후손이 '동부식육식당', '제일식육식당', '무안식육식당'이라는 간판을 달고 이어 오고 있다.

돼지국밥의 탄생을 추적하다 보면 돼지국밥이 일제강점기 말부터 동시다발적으로 탄생한 음식임이 분명해진다. 실향민들이 가세하면서 돼지국밥이 본격적인 외식으로 자리 잡았다고 보는 것도 합리적인 시각이다.

그러나 여러 가지 기원 뒤로 하나의 사실이 보인다. 돼지국밥이 가진 것 없이 오직 노동으로 살아야 했던 고단한 육신을 위한 음식이라는 사실이다. 시대를 달리하며 장터에 가득했던 장돌뱅이와 고향을 잃은 실향민이 먹고 살기 위해 고향을 떠나 대도시로 모여든 노동자와 운전기사 등으로 신분이 바뀌었을 뿐이었다.

노무현 대통령은 고시 공부를 할 때 울산에서 막노동을 했다고 한다. 영화 〈변호인〉에서 그는 돼지국밥 한 그릇 사 먹을 돈이 없어 국밥을 먹고 도망을 친다. 〈변호인〉의 숨겨진 주인공인 돼지국밥은 노무현 대통령에게 변화의 순간이 찾아올 때마다 영화 속에 빠짐없이 등장한다. 노동자에서 변호사로, 속물 세법 변호사에서 인권 변호사로 변신하는 과정마다 돼지국밥은 그를 한 단계 성숙시켜 준다. 부산의 음식 전문가들은 돼지국밥이 먹먹해서 먹기 힘들다 하지만, 난 돼지국밥이 더 먹고 싶어졌다. 나도 〈변호인〉의 주인공처럼 돼지국밥을 먹을 때마다 몸이 아니라 영혼이 성장할 가능성을 봤기 때문이다.

북엇국

밤이면 아버지들은 술로 고단한 하루를 마감했고
새벽이면 어머니들의 북어 두드리는 소리가 집집마다 울렸다.
고단한 '노동의 새벽'은 그렇게 시작되었다.

어머니는 삼천포 출신답게 온갖 생선 요리에 능했다. 남해안의 멸치며 고등어며 갈치 같은 비린 생선 요리는 말할 것도 없고 동해 남부 해안의 꽁치 요리에 겨울이면 도루묵국은 물론이고 동태국이나 명태국도 일상적인 음식이었다. 대학에 가서 육고기에 익숙한 친구들을 만나기 전까지 남해 촌놈인 나에게 고기는 생선이었다. 우리 집 밥상에는 생선국이 하루도 빠진 적이 없었다.

어머니의 북어 두드리는 소리 때문에 새벽녘에 잠을 깬 적도 여러 번 있었다. 우리는 그 소리를 듣고 아버지가 과음한 것을 알았다. 비린 생선을 주로 먹던 우리에게 북엇국은 또 다른 세상이었다. 맑고 건건한 국물에 콩나물과 고춧가루를 푼 북엇국을 드시면 아버지는 편안한 표정을 지었다. 아버지의 표정을 이해하는 데 꽤 오랜 시간이 걸렸다.

동해 북쪽에서 주로 나던 명태는 겨울이면 몽둥이처럼 꽁꽁 언 상태로 바다를 건너고 고개를 넘어 부산과 서울의 식탁을 책임졌다. 해풍에 말린 북어는 수분이 없기 때문에 사시사철 먹을 수 있는 서민들의 단백질 공급원이었다.

지금은 북어를 마른 명태를 지칭하는 말로 쓰지만, 조선시대에는 북에서 나는 생선北魚과 함경도 지역을 이르는 관북關北을 의미하기도 했다. 조선 후기의 학자 이만영이 1798년에 엮은 백과사전《재물보》에는 "명천에서 잡힌 생선을 북어라 하는데 몸집이 크고 맛있기 때문에 명태라 부른다"라는 기록이 나온다. 이를 통해 명태와 더불어 북어라는 명칭을 상당히 오래전부터 보편적으로 사용했음을 알 수 있다. 19세기 실학자 서유구가 쓴《난호어목지》1820년에는 "날것은 명태, 마른 것은 북어"라는 구절이 나온다. 함경도 지역에서 주로 소비되던 명태를 건조해 전국으로 유통시킨 19세기 중반부터 '말린 명태乾明太'를 북어로 부르기 시작했음을 알 수 있다.

다양한 이름으로 불리는 생선, 명태

명태는 서해안의 조기, 동해 남부의 청어와 더불어 오랫동안 조선의 3대 생선이었다. 명태만큼 다양한 이름으로 불리는 생선은 없다. '동태凍太'는 동해안 일대와 서울에서 부르던 명칭으로, 몽둥이처럼 딱딱하게 자연 상태에서 언 생태를 말한다. 얼리거나 말리지 않은 명태는 '선태鮮太' 또는 '태어太魚'라고 불렀다. 그물로 잡는 것은 '망태網太', 낚시로 잡는 것은 '조태釣太'로 불렸는데, 명태 산지인 함경도에서는 커다랗고 질 좋은 명태를 지칭하기도 했다. 함경도에서는 커다란 특대特太의 명태를 '왜태', 작은 명태는 '애태' 혹은 '막물태'라고 불렀다. 강원도에서 잡히는 질이 떨어지는 명태는 '강태江太'라고 부른다. 명태는 도루묵을 먹이로 삼는데, 도루묵이 동해안에 출현하는 음력 10월에 잡히는 명태는 은어도루묵를 잡아먹는다 해서 '은어받이'라고 부르기도 한다. 이들은 커다란 명태가 대부분이다. 음력 11월 중순경인 동지 전후에 잡히는 것은 '동지받이', 음력 12월 초순경의 명태는 '섣달받이'라고 부른다. 최근에 즐겨 먹는 황태는 일제강점기에는 서울에서 '더덕북어'로 불렸다. 최근에는 명태를 소금에 절인 '짝태'가 유행하고 있다. 짝태를 북한에서는 '간명태' 혹은 '염태'라 부른다.

분단 이후 함경도의 명태업자들은 속초와 주문진에 자리를 잡는다. 그들은 명태로 상당한 부를 축적했는데, 추운 함경도와 비슷한 기후 조건을 바다가 아닌 깊은 산속인 횡계와 인제 용대리에서 발견한 뒤 그곳에서 황태와 북어를 본격적으로 생산해 서울의 중부시장을 통해 전국으로 유통하면서 북한에서보다 많은 부를 쌓는다. 중부시장은 함경도 실향민들의 독무대였다. 중부시장 주변 오장동에 1950년대 이후 함흥식 냉면집이 번성한 가장 큰 이유다. 남한에서 황태의 시작에 관해서는 1973년 3월 12일 자 〈동아일보〉 기사에 자세하게 나온다.

> 휴전 3년 뒤인 1956년이었지요. 그해 봄부터 노랑태를 만들 수 있음직한 곳을 찾아 헤매던 중 대관령에 들렀을 때 손뼉을 쳤지요. 대관령 원주민들이 가을에 동해안에 내려가 명태를 사다가 일부는 먹고 나머지는 다음 해에 먹으려고 새끼로 꿰어 처마 밑에 걸어 두곤 하는데 이것이 봄이 되면 껍질이 노랗게 되고 고깃살도 폭신폭신해지는 게 훌륭한 노랑태가 아니겠어요.

오늘의 대관령 덕장을 창설하는 데 중심이 되었고 지금도 덕장을 경영하고 있는 이광식 씨는 노랑태 덕장을 처음 시작하던 당시의 감격을 회고하면서 대관령에다 덕장을 설치하면 함흥 노랑태 못지않은 물건을 낼 수 있다고 확신, 그해 겨울부터 덕장을 열었다고 한다. 함흥에서 28세 때부터 덕장을 경영하다가 1946년 월남했다는 이 씨는 비록 거대한 고개를 넘어야 하는 수송의 어려움이 있기는 했지만 용기를 내어 감행한 것이 성공했다면서 자기가 만든 노랑태가 그 맛을 잊지 못하고 기다리던 애호가들을 기쁘게 해 주고 있다고 생각하면 그저 만족스럽기만 하다며 웃었다.

함경도와 비슷한 기후 조건을 가진 횡계와 인제 용대리

지금도 횡계는 인제 용대리와 더불어 황태의 대부분을 생산하는 본향이다. 인제의 용대리는 1960년대부터 덕장이 들어섰다. 영하 15도씨 이하의 날씨가 겨우내 유지되는 추위가 가난한 마을을 풍요롭게 바꿔 놓았다. 용대리는 횡계보다 해발이 약 200~300미터 낮지만 이곳은 푄^{föhn} 현상 때문에 높이에 비해 기온이 2~3도씨 더 낮아 횡계와 기후 조건이 비슷하다.

1980년대 이전까지 '화주'라 불리는 실향민 출신들은 현지인들을 노동자로 고용했다. 1980년대 들어서면서 원주민들이 황태와 북어를 말리기 시작하면서 지금은 현지인들이 생산을 주로 담당하고 있다. 하지만 이곳에서 생산된다고 다 황태가 되는 것은 아니다. 습기가 많거나 날이 따뜻해 비가 내리면 껍질이 검은 '흑태'가 되고, 따뜻한 날이 이어지면 하얀 '백태'가 된다. 이곳 사람들은 "덕장 일은 하늘과 사람이 7대 3의 비율로 동업하는 것이다" 또는 "제맛이 나는 황태는 80퍼센트가 하늘이 만들어 준다"라는 말을 입에 달고 다닌다.

황태든, 북어든, 말린 명태로 만든 국을 우리는 북엇국이라 부른다. 북엇국은 "추위를 가시게 하는 데 좋은 요리"《한국요리》, 1975년이자 과음한 직장인들을 위한 최고의 술국이다. 북어를 국물과 함께 먹은 것은 1924년 이용기가 쓴 《조선무쌍신식요리제법》에 북어찌개로 처음 등장한다. 북엇국이 해장국으로 본격적으로 등장한 것은 기록상으로 1960년대 후반 이후다. 1960~1970년대에는 주로 "마른 북어를 참기름에 볶아 소금으로 간을 하고 먹는 북어장국"〈경향신문〉, 1968년 1월 22일에 움파를 넣어 먹었다.

　　1960~1980년대의 아버지들은 소처럼 일했다. 저임금, 장시간 노동이 우리의 지금을 만들었다. 밤이면 아버지들은 소주와 막걸리로 고단한 하루를 마감했고, 새벽이면 그들의 속을 위로하는 어머니들의 북어 두드리는 소리가 집집마다 울렸다. 고단한 '노동의 새벽'은 그렇게 시작되었다. 북엇국에서는 언제나 땀 냄새가 난다. 아버지, 어머니 수고하셨습니다. 감사합니다.

부대찌개

부대찌개는 음식물 쓰레기에서 탄생한 음식이 아니다.
미군부대에서 불법 유통된 소시지와 햄을
한국식으로 먹으려고 하다가 만들어 낸 음식이다.

먹고살기 힘든 시절이었다. 1930년대부터 시작된 일제의 전쟁으로 한반도
는 피폐해져 갔다. 1945년 전쟁과 식민지라는 긴 고통이 끝났지만 1950년
다시 한국전쟁이 발발했고 1953년 드디어 전쟁이 끝났다. 20년이 넘는 황폐
한 시기, 사람들은 굶주렸다. 베이비붐이 도래하자 배를 곯는 사람들이 더
많아졌다.

살기 위해 뭐라도 먹어야 하는 시절에 먹을 것이 풍족한 유일한 공간은 미군부대였다. 그곳에는 먹을 것이 넘쳐나고 돈이 흘렀다. 미군기지 옆에서 젊은 아가씨들은 몸을 담보로 생존을 얻었다. 미군부대의 음식물 쓰레기도 구원의 먹거리였다. 음식물 쓰레기 속에서 건진 단백질 덩어리들을 골라내 죽이나 탕으로 끓인 '꿀꿀이죽', 'UN탕', '양탕洋湯'이 서민들보다 더 가난한 고아, 실향민, 부랑아, 일용직 노동자의 일용할 양식이 되었다. "먹는 것이 죄일 수는 없다. 먹는 것이 죄라면 삶은 천벌이기 때문이다. …… 고약한 냄새를 풍기는 이 반액체를 갈구해야만 하는 이 대열! …… 우리의 핏줄이요 가난한 이웃일 따름이다."〈경향신문〉, 1964년 5월 20일

소시지, 햄을 우리 입맛에 맞게 요리하다

'꿀꿀이죽'을 부대찌개의 기원으로 보는 사람들이 많지만 부대찌개는 음식물 쓰레기에서 탄생한 것이 아니다. 미군부대에서 흘러나온 소시지, 햄 같은 불법 유통된 물건에서 탄생한 음식이다. 부대찌개의 탄생지인 의정부에는 미군부대가 몰려 있었다. 1950년 전쟁이 발발하자 미군기지 주변에는 자연스럽게 사람들이 모여들었다. 고향을 잃은 북한 출신의 실향민들이 모여 장사를 한 것이 오늘날 의정부 제일시장의 시작이다. 전쟁이 끝나고 1년 뒤인 1954년에 공식적으로 시장이 개설되었다.

미군부대에서 흘러나온 햄과 소시지는 사람들이 가장 좋아하는 식재료였다. 그때 흔적은 지금도 쉽게 찾아볼 수 있다. 수입품 파는 가게들은 의정부

제일시장의 상징이 되었다. 수입품 가게에서는 미국의 스팸과 프랑크소시지를 쉽게 살 수 있다. 2000년대 초반까지 미군부대에서 흘러나온 햄과 소시지가 이 시장에서 팔렸다. 스팸이 1980년대 이후 국내에서 생산되고 있지만 의정부 부대찌개집은 대부분 국산 제품을 쓰지 않는다. 미묘하게 맛의 차이가 있기 때문이다. 밀반입되던 물건들이 사라지고 정식으로 통관을 거치면서 가격이 오른 탓에 의정부 제일시장에서 파는 부대찌개 재료는 주로 개인들이 사 간다.

미군부대를 들락거리던 한국인들은 그곳에서 구한 가공육을 한국식으로 먹고 싶어 했다. 제일시장 주변에서 '오뎅'을 팔던 허기숙 씨에게 소시지나 햄을 들고 나온 사람들이 요리를 부탁했다. 부대 고기를 김치나 고추장 같은 한국식 재료와 볶아서 선보인 부대볶음은 인기가 많았다. 얼마 후 부대찌개도 만들어졌다. 1968년 지금의 자리에 '오뎅식당'이라는 이름을 달고 정식으로 가게를 시작했다. 부대에서 나온 고기는 넘쳐났지만 그걸 사용하는 건 불법이었다. 단속을 피하기 위해 오뎅식당이라는 이름이 편법으로 사용되었다.

부대찌개의 원조로 알려진 의정부 '오뎅식당'

현재까지 오뎅식당이 부대찌개의 시작이라는 데는 별 이견이 없어 보인다. 하지만 부대찌개 같은 음식을 오뎅식당에서만 만들었는지에 대해서는 의문이다. 1962년 10월 30일 자 〈동아일보〉에 실린 "쓸모 많은 영양식"이라는 기사에는 부대찌개라는 단어는 등장하지 않지만 부대찌개 같은 음식이 등장한다.

발육기에 있는 자녀들에게 손쉽게 그리고 영양가 높은 음식을 공급시켜야 할 의무가 주부들에겐 있다. 햄과 소시지를 우리 식탁에 많이 이용했으면 좋겠다. 햄을 잘게 썰어서 넣고 김치찌개를 해도 좋다. 햄과 소시지를 썰어서 프라이팬 위에 놓고 한 번 볶아 내어서 도시락 반찬을 해도 좋다. 햄과 소시지에는 단백질, 지방, 칼슘, 철분 등이 포함되어 있어 칼로리가 높다.

소시지와 햄은 일제강점기 때부터 한반도에서 생산되고 소비되던 식재료였다. 한국전쟁 이후 미국식 가공육은 무언가 있는 자들의 식재료였다. 미군의 커다란 체구와 힘은 고기에서 나온다는 믿음도 강했다. 1970년대 오뎅식당의 성공에 힘입어 주변에는 부대찌개 파는 식당이 하나둘씩 늘어나면서 자연스럽게 부대찌개 거리가 조성되었다.

의정부 주변의 문산과 동두천에도 1970년대 부대찌개집이 등장한다. 의정부와 평택에서 흘러나온 미군부대 고기는 주변 지역을 넘어 서울의 남대문과 동대문 시장에까지 팔렸다. 용산 미군부대 주변의 이태원에서 처음 부대찌개를 선보인 '바다식당'이 문을 연 것은 1970년대 말이었다. 바다식당은 부대찌개라는 이름 대신 '존슨탕'이라는 이름을 사용한다. 창업주는 독일에

서 살다 온 탓에 햄과 소시지에 치즈를 넣은 진한 국물을 내고 부드러운 칠면조 소시지를 쓴다. 남영동의 '은성집'은 부대 고기를 사용해 일종의 볶음인 스테이크를 팔아 큰 인기를 얻었다. 은성집의 창업 연도는 1979년이다.

현재 가장 큰 미군기지가 있는 평택 오산캠프 주변의 송탄에서 부대찌개가 생겨난 것은 1970년이다. 미군부대에서 요리를 하던 창업주는 사람들의 호평 속에 자신의 이름을 딴 '최네집'을 창업했다. 송탄식 부대찌개는 맛이 진하고 강하다. 치즈가 들어간 진한 국물에 유난히 짠맛이 강한 햄과 소시지를 사용한다. 부대찌개에는 돼지고기의 어깨살_{스팸}과 다리살_{소시지}, 넓적다리살_햄이 골고루 들어간다. 돼지의 중요 부위를 한꺼번에 먹을 수 있는 것이다. 짜고 맵고 자극적이지만 우리는 이런 음식을 먹으며 20세기 후반을 지내 왔다.

부대찌개에는 라면 사리가 기본

미군부대 주변에서 성업하던 부대찌개가 본격적으로 대중 음식으로 등장한 것은 1980년대 중반이었다. 당시 순 돼지고기만 들어가는 가공육은 전적으로 수입에 의존했는데, 그중에서 부대찌개에 반드시 들어가는 프랑크 소시지를 1986년 롯데햄에서 만들자 부대찌개가 대중화된다. 그러면서 라면 사리를 넣는 문화도 보편화된다.

부대찌개, 곱창전골, 떡볶이, 불고기 등 각종 음식에 라면 사리를 넣어 먹는 음식 문화가 급속히 퍼지면서 남는 라면 수프가 포장째 버려지고 있다. 28일 라면 제조업체와 음식점 등에 따르면 우리나라라 면 생산량은 하루 2천만 개가량으로 1% 정도인 20만 개 안팎의 라면이 음식점에서 사리로만 쓰이는 바람에 쓸모가 없어진 수프가 버려지고 있다는 것이다. (《한겨레신문》, 1994년 8월 29일)

1990년 생산이 중단된 삼양라면은 1994년 다시 출시하면서 부대찌개 맛을 내는 라면을 개발하고, 이어 1995년에는 수프 없는 사리용 라면을 출시한다. 겨울이 지나 묵은 김치를 먹기 위해 만들어진 김치찌개에 미군의 전투식량인 햄과 소시지, 한국인의 간편식과 대중식의 대명사인 라면 사리가 곁들여지면서 부대찌개는 한국 현대사가 낳은 먹거리의 중첩이자 살아 있는 화석이 되었다.

짜장면

외식 메뉴로 남녀노소 모두의 사랑을 받는 짜장면은
중국에서 왔지만 중국의 '자장몐'과는 다른 음식이다.
분식장려운동 덕에 급성장한 음식이기도 하다.

음식은 국경이 없다. 짜장면은 중국에도 있고 한국에도 있다. 한국의 짜
장면은 중국에서 왔지만 중국의 짜장면과는 다른 음식이다. 중국에서는 짜
장면을 '자장몐炸醬麵'이라 부르고 산둥성의 푸잔福山을 기원으로 한다. 산둥
은 중국 8대 요리 중에서도 최고로 치는 루차이魯菜의 고향이다. 산둥성은
밀의 주산지라 국수 문화가 발달했고, 채소의 본향이기도 하다. 한국 김치

의 주종을 이루는 결구형 배추도 산둥에서 넘어온 것이다. 산둥 사람들은 "대파 한 뿌리면 겨울을 난다"라는 말을 입에 달고 다닐 정도로 대파를 사랑한다. 밀가루를 발효시켜 만든 달달한 텐멘장甛麵醬에 대파를 찍어 먹는다. 대파大蔥를 텐멘장에 찍어 먹는다 해서 텐멘장을 '춰옹장蔥醬', 면에 얹어 먹는다 해서 '멘장麵醬'이라 부르기도 한다.

산둥의 겨울은 춥다. 그래서 기름을 많이 사용한다. 기름진 음식을 먹을 때 시원한 대파는 기름기를 중화시킨다. 기름지고 짠 음식은 홋카이도 라멘에서도 나타나듯 추운 지역의 공통된 겨울나기용 레시피다. 산둥의 요리사들은 30여 가지 불 다루는 기법 중 '바오爆', '차오炒', '자炸' 등 주로 센 불을 다루는 것에 능하다. '자'는 세 기법 중에서도 기름을 가장 많이 사용하는 조리법이다. 기름에 장을 튀기듯이 볶아 면 위에 얹어 먹는다. 황제가 있던 베이징의 조리사는 대부분 산둥의 푸잔 출신이다. 그래서 산둥 요리와 베이징 요리는 깊은 연관이 있다.

산둥 이외에 오래된 자장멘 문화가 있는 곳은 베이징이 유일하다. 베이징에는 자장멘을 파는 전문점이 몇 군데 있다. 그런데 베이징의 자장멘은 산둥의 자장멘과 조금 다르다. 다름은 장의 차이에서 오는데, 베이징은 황장黃醬을 주로 사용한다. 텐멘장은 달지만 물기가 있고 깊이가 없다. 황장은 깊지만 짜고 퍽퍽하다. 그래서 베이징의 자장멘 식당은 황장과 텐멘장을 섞어 사용하기도 한다.

산둥과 베이징 멘장의 장점을 살린 한국식 춘장

1948년 산둥 출신의 화교 왕송산은 국내에 '영화장유'라는 회사를 차리고 '사자표 춘장'을 생산한다. 중국의 텐멘장이나 황장은 오래된 것일수록 검은색이 나는데, 영화식품영화장유의 변경된 이름은 단기간에 이런 효과를 내기 위해 캐러멜을 사용한다. 1960년대에는 짜장면에 비벼 먹는 장을 짜장, 면장, 춘장이라 다양하게 불렀지만, 1967년 식품위생법이 발효되면서 춘장으로 문서화되고 통일된다.

분식장려운동에 힘입어 짜장면이 인기를 얻자 짜장면은 중국식당은 물론 일반 분식점과 학교 구내식당에서도 파는 음식이 된다. 1970년에는 롯데공업농심의 짜장면과 삼양식품의 삼양짜장면이 출시될 정도로 인기 음식이었다. 롯데공업의 짜장면은 사라졌다가 1984년 짜장면과 스파게티의 성격을 두루 갖춘 짜파게티로 탄생하면서 분식의 오랜 강자로 자리 잡는다. 초보라도 만들기 쉬운 사자표 춘장은 이때를 계기로 한국식 짜장면의 표준 장으로 자리 잡는다. 현재에도 대부분의 짜장면은 사자표 춘장으로 만든다.

산둥의 자장멘이 언제 한반도로 유입되었는지 명확한 기록은 없다. 19세기 말 인천이 개항할 때 청나라 상인들과 함께 들어왔으리라 추측할 뿐이다. 인천의 '공화춘'이 짜장면의 발상지라는 이야기도 믿기 힘들다. 베이징의 규모 있는 식당에서 자장멘을 찾다가 눈총을 받은 적이 있다. '요릿집에서 왜 저렴한 음식을 찾느냐'는 것이 그 이유였다. 베이징과 산둥의 자장멘은 서민들이 먹는 음식이었다. 그런 음식을 먹던 사람들이 한반도로 넘어왔다고 그 음식이 비싼 음식이 되었을 리는 만무하다. 짜장면에 관한 기록은 1934년 1월 1일 자 월간 잡지 《개벽》에 처음 나온다. 문일평이 쓴 일기1934년 2월 7일에는 "청요리점에 들어가서 자장면 한 그릇을 사먹고 소주 몇 잔을 마셨다"라는 구절이 나온다.

1936년 2월 16일 자 〈동아일보〉에는 졸업 축사에 "우동 먹구 짜장면 먹구 식은 변또도시락 먹어가며 그대들을 가르첫느니라"라는 구절이 나온다. 짜장면은 요릿집에서도 팔았지만 저렴한 음식이었음을 짐작할 수 있다. 해방 직후 짜장면은 한 그릇에 10전구화 10원이었다.〈경향신문〉, 1956년 2월 11일 "(중국음식점에서) 요리를 몇 가지 주문할 때 경옥이가 '요리 전람회를 하세요? 짜장면 한 그릇하구 탕수육 한 그릇임 될껄' 하고 자기는 고등 요리를 먹을 팔자가 못 된다는 듯이 말했다."〈경향신문〉, 1953년 3월 9일 이 구절을 보면 지금 우리가 중국집에서 먹는 음식 구성과 별반 다르지 않음을 알 수 있다.

짜장면은 1950년대에 가격을 매길 때 당국의 승인을 받아야 하는 품목이었을 만큼 서민이 즐겨 먹던 저렴한 외식 메뉴 중 하나였다. 화교들이 "호떡을 굽고 혹은 짜장면 그릇을 닦아서 근근히"〈경향신문〉, 1958년 10월 8일 돈을 모았을 만큼 저렴한 음식이었다. 1960년 10월 3일 자 〈경향신문〉에는 150환짜리 짜장면이 200환으로 인상되자 가난한 사람들은 "이제는 다 살았다"라고 비명을 올릴 정도였다는 기사도 등장한다. 1961년 5월 26일 자 〈동아일보〉에는 쌀을 대용할 수 있는 대용식 두 가지로 울면과 짜장면 조리법을 소개하고 있다. 짜장면은 돼지고기와 오징어, 둥근 파, 기름, 중국된장, 녹말, 냉소

다 등을 이용해 만들었다. 중국된장은 춘장이다.

분식장려운동 덕을 톡톡히 본 중국식당

서민들이 즐겨 먹던 짜장면이 라면과 더불어 본격적인 국민 면으로 등극하게 된 데는 1960년대 중반부터 본격화된 분식장려운동이 결정적인 역할을 했다. 베이비붐으로 인해 매년 40만 명의 인구가 늘었지만 쌀 생산 증가량은 턱없이 부족했다. 1960년대 초반 인구 폭발과 도시 인구 집중, 가뭄과 홍수가 겹쳐 쌀 부족 사태가 발생하자 정부는 미국에서 무상 지원을 받거나 저렴하게 들여온 밀을 쌀의 대체품으로 정하고 모든 행정력을 동원해 분식장려정책을 1962년부터 시행한다.

1969년 1월부터는 무미일無米日을 지정해 음식점 및 여관 등에서 매주 수요일과 토요일 오전 열한 시부터 오후 다섯 시까지 쌀을 원료로 하는 음식은 일체 팔지 못하게 했다. 오래전부터 밀가루를 이용한 면을 팔아 왔던 중국음식점은 반사이익을 톡톡히 보게 된다. 1958년 1702개였던 화교 식당이 1964년에는 2337개, 1972년에는 2454개로 늘어난다. 1964년 서울의 짜장면 값은 40원으로, 60원 하는 곰탕, 설렁탕, 비빔밥보다 저렴했다.〈동아일보〉, 1964년 7월 23일 설렁탕, 곰탕, 중국우동, 짜장면 등 대중 음식 값은 협정 요금으로 묶여 가격을 맘대로 올릴 수 없었다. 1970년대 들어서면서 밀가루 값이 오르자 가격을 제한하려는 정부와 중국식당 사이의 갈등은 깊어져 기습 인상과 세무조사 같은 일이 반복되었다.

1970년대와 1980년대 초반까지 짜장면은 학생은 물론 일반인이 가장 좋아하는 외식 메뉴였다. 1983년 리스피아르 경제조사연구소의 〈한국인 식생활습관 조사〉 보고서에 의하면 개인이 외식할 때 잘 먹는 음식은 남녀 모두 짜장면이라고 하니 짜장면이 얼마나 인기 있는지 알 수 있다. 한국의 짜장면은 분식장려운동에 의해 급성장했으나 '중국식당은 고급 요리점'이라는 오랜 등식이 이때를 계기로 짜장면과 짬뽕 등을 팔거나 배달해 주는 저렴한 음식을 파는 식당이라는 인식이 강해지면서 고급 중국요리의 몰락을 재촉하는 결과를 초래했다.

1976년 통일벼의 성공으로 쌀의 자급화가 이뤄지고, 1977년 1월 1일 무미일이 해제되면서 공식적으로 분식장려운동이 종료된다. 하지만 밀가루 음식은 '제2의 쌀' 지위를 확고하게 다졌다. 짜장면과 라면이라는 저렴한 분식의 두 스타 시대는 1980년대 중반을 넘기면서 햄버거, 피자, 빵 같은 새로운 먹거리의 강력한 도전을 받으며 마감된다.

2000년대 이후 중국에는 한국식 짜장면이 역수출되어 인기를 얻었다. 검고 달달하고 걸쭉한 죽 같은 한국식 춘장으로 만든 몐장은 비비기 쉽고 달고 고소해 젊은이들에게 인기를 얻었다. 검은색을 기반으로 한 음식이 대중적으로 성공한 사례는 거의 찾아보기 힘들다. 검은 춘장에 뒤덮인 한국식 짜장면도 다난多難한 성장사가 없다면 불가능했을 것이다. 그래서 사람들은 짜장면을 '검은 마성의 음식'이라 부른다.

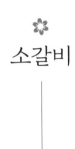

소갈비

갈비는 부드럽게 입안에서 녹는 아이스크림 같은 부위가 아니다.
탄력 있는 육질이 입안에서 잘근잘근 씹히며
육즙을 몸 안으로 퍼뜨리는 맛과 식감의 조화를 갖춘 부위다.

쫄깃한 식감을 좋아하는 한국인들이 어느 날부터 마블링 가득한, 입에서 살살 녹는 고기를 더 선호하게 되었다. 좀 씹어 본 놈이 고기 맛을 안다던 '씹는 고기 문화'는 미국과 일본의 거대 축산 기업들이 만든 전략 속에 곡물 사료를 먹고 자란 야들야들하고 부드러운 육질의 고기 문화로 바뀌었다.

벼농사의 중심에는 소가 있었다. 겨울이면 소의 거름은 퇴비가 되어 땅에 뿌려졌다. 봄이 되어 겨우내 딱딱해진 땅을 소가 쟁기를 등에 메고 갈았다. 가을이면 볏짚과 왕겨가 소의 먹이가 되었다. 소는 농사의 중심에 있었고 농사는 소 없이 하기 힘든 일이었다. 볏짚 같은 여물을 먹고 노동을 한 소의 살은 탄력 있고 거셌지만 깊은 맛을 냈다. 오랫동안 한국인들은 그 고기를 먹어 왔다.

한국인에게 고기는 소를 의미했다. 다른 짐승의 고기에만 돼지고기, 닭고기처럼 이름을 붙였다. 중국에서는 고기가 돼지고기를 의미하는 것처럼 말이다. 막 잡아 사후경직이 일어나기 전의 엉덩이살, 다리살은 생고기로 먹거나 야채 또는 과일과 섞어 육회로 먹었다. 안심 같은 부드러운 부위를 제외하면 마블링이 없는 살은 질겼다. 귀하고 질긴 고기를 먹기 위해 사람들은 대개 탕을 끓였다. 갈비탕, 육개장, 설렁탕이나 곰탕 같은 음식은 그 바탕 위에서 만들어진 상식적이고 공평한 음식이었다.

안심과 더불어 가장 맛있고 부드러운 부위는 갈비였다.《승정원일기》인조 17년1639년 6월 24일 자에 갈비乫非라는 말이 등장할 정도로 한국인은 갈비를 오래전부터 좋아했다. 갈비를 먹는 음식 문화를 몇몇 외국 학자들은 몽골에서 넘어온 것으로 보고 있지만, 정설은 아니다. 갈비의 어원을 알타이 공통기어인 'kaburga짝지음'라고 보는 언어학자도 있다.

찜, 탕에서 구이로의 변천

갈비는 부드럽게 입안에서 녹는 아이스크림 같은 부위가 아니다. 탄력 있는 육질이 입안에서 잘근잘근 씹히며 육즙을 몸 안으로 퍼뜨리는 맛과 식감의 조화를 갖춘 부위다. 20세기 초부터 일제강점기 내내 평양에는 '평양우'라고, 일하는 소가 아닌 고기만을 위한 육우가 유행했다. 1930년대에 쓰인 《평양상공명람》에는 평양냉면집에는 못 미치지만 수십 개의 고기구이 전문점이 평양에 영업을 하고 있었다는 기록이 나온다. 갈비, 불고기는 평양 사람들이 가장 좋아하는 외식 메뉴였다. 일제강점기에 북한이든 남한이든 갈비를 선술집에서 먹은 기록은 여럿 나온다. 조선시대부터 일제강점기까지 갈비는 갈비찜이나 갈비탕으로도 많이 먹었다.

지금처럼 대중적이고 본격적인 갈비 외식 문화는 수원에서 시작된 것으로 보는 게 대체적인 시각이다. 1946년 수원 싸전거리에 있던 해장국집 '화춘옥'은 갈비를 양념에 무쳐 숯불에 구워 팔기 시작했다. 1950년 전쟁이 나자 화춘옥의 주인 이귀성 씨는 부산으로 피난을 간다. 화춘옥 측의 이야기에 의하면 부산 피난 시절에 자신들의 갈비 기술을 배운 사람이 해운대 양념갈비를 만들어 냈다고 한다. 물론 그대로 믿기는 어렵다. 갈비구이 문화는 전쟁 전에도 널리 퍼져 있었고 1950년대 초 피난 수도 부산의 국제시장에는 암소 갈비를 파는 전문 식당이 여럿 있었다. 지금도 국제시장 주변에는 오래된 갈비집이 있다. 1960년대 해운대에는 갈비집들이 성업 중이었다. 해운대암소갈비라는 지역 음식 브랜드는 1970년대에 이미 서울로 진출할 정도로 유명했다.

전쟁이 끝나자 수원으로 다시 돌아온 화춘옥은 영업을 재개한다. 다른 지역과 달리 12센티미터 정도로 크게 자른 왕갈비에 소금을 뿌려 만든 화춘옥의 갈비는 싸전거리를 오가는 사람들을 통해 유명해진다. 화춘옥 주변에 갈비집이 하나둘 생겨나면서 1960~1970년대 싸전거리의 갈비집들은 거리를 형성한다. 1970년대 말이 되자 수원에도 불어온 도심지 재개발 덕에 싸전거리에 있던 갈비집들은 수원지방법원 주변으로 이동하게 된다. 1980년대가 되자 자가용을 가진 '마이카my car'족이 등장한다. 마이카족으로 대표되는 중산층들은 아파트에 살며 가족의 가치를 소중히 여기고 개인 생활의 여유를 찾기 시작한다. 수원 근처의 용인자연농원, 용인 한국민속촌에서 여가를 보낸 사람들은 수원을 찾아 수원갈비를 먹고 돌아갔다. 수원갈비의 전성시대가 열린 것이다.

그 이후, 수원보다 더 거센 개발의 바람이 불던 서울에도 고기를 구워 먹는 시대가 본격적으로 열린다. 서울 외곽 도심에 1960년대부터 '벽제갈비' 같은 대형 갈비집이 유행했지만, 태풍의 핵은 1981년 강남에 문을 연 '삼원가든'이었다. 삼원가든의 성공으로 강남에 갈비를 구워 먹는 가든의 시대가 열렸다. 1년 만에 20여 개가 넘는 초대형 갈비집이 논현동과 서초동에 들어섰다. 강남의 가든형 갈비 시대는 외식이 사회적 흐름을 타고 성장한 가장 상징적인 예다.

1974년부터 시작된 강남 개발은 1980년대 들어 절정을 맞는다. 아시안게임과 올림픽 개최가 확정되고 강남의 빈 땅이 본격적으로 개발된다. 1980년 당시 강남에는 빈 땅인 공한지를 가진 땅부자들이 많았다. 문제는 공한세라는 세금 폭탄이었다. 삼원가든의 창업주는 공한지를 싸게 임대해 가든을 지었다. 땅부자 입장에서는 세금을 내는 대신에 임대료가 들어오고, 식당 주인으로서는 넓은 땅을 싸게 임대해 가든형으로 식당을 차릴 수 있는, 서로에게 이보다 더 좋을 수 없는 거래였다. 외곽으로 자연을 찾아 먹을 것을 찾아 떠나던 사람들은 강남 중심에 위치한 전원풍의 갈비집에 열광하게 된다. 서울의 가든 열풍은 지방의 대도시와 소도시로 자연스럽게 확산되었다. 지금 전국 어디에나 있는 가든형 갈비집은 이런 사회구조적 배경에서 탄생한 것이다.

초기에 서울의 대형 갈비집에서는 수원의 갈비 기술자를 많이 고용했다. 그러나 수원과는 다른 양념과 고기 커팅 기술이 개발되었다. 소금을 주로 이용한 수원갈비 양념과는 다르게 간장 양념이 기본 소스가 되고, 수원갈비에 비해 갈비 크기가 절반 이하로 작아진다. 갈비를 발라내는 방식도 조금 달라져 갈비를 수원갈비처럼 한쪽으로 포를 뜨는 외갈비 기술은 그대로 계승했지만, 다이아몬드 형태로 갈비살에 칼집을 내는 방식은 강남의 가든에서 시작된 것이다.

최고의 품질은 4~7번 갈빗대

1990년대 들어 갈비 하면 연상되던 양념갈비에서 마블링이 가득한 생갈비 시대가 도래한다. 갈비에는 13개의 갈빗대가 있다. 1번에서부터 13번까지 번호가 커질수록 갈비에 붙은 고기는 적어진다. 지역마다 조금씩 다르지만 대개 4번에서 7번 사이의 고기를 꽃갈비라 부르고 최고로 친다. 생갈비나 최고급 양념갈비는 꽃갈비를 이용한 것이다. 균일한 고기 양과 적당한 마블링에 탄력감이 넘치기 때문이다. 살집이 많은 1번에서 3번까지의 갈비는 갈비탕으로 많이 먹는다.

수원, 서울과 더불어 갈비 문화가 가장 성행한 포천 이동의 갈비는 양쪽으로 포를 떠서 가운데를 자른 쪽갈비를 판다. 포천의 이동갈비는 의정부의 부대찌개와 태생이 같다. 미군부대에서 고기가 거의 없어 버려진 갈비를 주워 포를 뜨고 남은 살을 먹으면서 시작된 것이다. 포천 주변에 지금도 여전히 넘쳐나는 군인들과 그들을 면회 온 가족들은 비교적 저렴한 이동갈비를 양껏 먹는다. 군인들과 가족들을 통해 이동갈비는 전국적인 이름을 얻었다.

갈비는 예나 지금이나 한국인이 가장 사랑하는 고기 음식이었고, 한국 육식 문화의 흐름을 끌고 왔다. 1982년 한국은행이 집계한 음식숙박업의 성장률은 10.4퍼센트로 GNP 성장률 5.4퍼센트의 거의 배에 가까웠다. 외식이 본격화된 시대의 중심에 소갈비가 있었다.

삼겹살

삼겹살은 그냥 생기는 것이 아니라
지방을 만드는 사료와 근육을 만드는 사료를 번갈아 먹이는
한국인의 비육 기술로 만들어진 것이다.

1970년대 이전까지만 해도 돼지고기는 한국인에게 익숙한 고기가 아니었다. "여름철 돼지고기는 잘 먹어야 본전"이라는 속설도 강했다. 한국인이 가장 좋아한 고기는 쇠고기였다. 하지만 쇠고기는 비싸서 구이로 먹기보다는 설렁탕이나 곰탕 등 주로 국으로 먹었다.

변화의 조짐은 1960년대 말에 일본으로 돼지고기 수출이 본격화되면서 시작된다. 1960년대 초중반에는 살아 있는 돼지나 냉동 돼지를 수출했는데, 돼지 부산물의 수요가 없던 일본의 요구로 1968년부터는 머리와 내장을 제외한 2분도체로, 1969년부터는 다시 부분육으로 변경된다. 1971년 일본에서 돼지고기를 수입 자유 품목으로 지정하자 우리나라의 대일 수출은 더욱 활발해졌고, 몇 백만 톤 수준이었던 돼지고기 수출이 1972년에는 3800톤, 1976년에는 4500여 톤으로 급증하게 된다. 수출이 불가능한 돼지 머리, 내장, 다리, 뼈 등이 남아돌자 대도시에 모여들던 빈민들과 노동자들을 중심으로 돼지고기 특수 부위의 수요가 급격하게 늘어난다.

1975년 대한민국의 1인당 GNP가 500달러를 돌파한다. 경제학자에 의하면 500달러는 육식이 본격화되는 임계점이라고 한다. 이후 '육고기'의 수요가 폭발한다. 일본으로의 돼지고기 수출은 질병의 발생이나 계절적 요인, 수급 상황 때문에 수시로 가격 변동을 초래하면서 국내에도 돼지 특수 부위가 아닌 살코기 부위가 시장에 나오게 된다. 삼겹살은 서양은 물론 일본에서도 기름기가 너무 많아 그다지 인기 있는 부위가 아니었다. 서양에서는 삼겹살 부위를 '벨리belly'라 부르는데, 주로 훈제한 베이컨으로 많이 먹었다. 중국이나 일본의 오키나와에서는 삼겹살 부위를 두툼하게 썰어 삶거나 쪄서 양념한 후 동파육 등으로 먹었다.

돼지고기의 해외 수출이 본격화된 1980년대 초반에 삼겹살은 수출이 불가능한 하위 부위였다. "양돈업계는 이와 관련 돈육수출에 따른 결손을 보상하기 위해 벨리삼겹살 등 수출 잉여 부위에 대한 수매비축 등을 강력히 촉구"⟨매일경제⟩, 1980년 4월 10일했다. 축협 중앙회의 조사에 의하면, 1981년까지만 하더라도 돼지 살코기56.7퍼센트보다 삼겹살39퍼센트의 선호도가 떨어졌다고 한다. 기름기가 많고 싼 삼겹살은 도시 노동자를 위한 외식이었다.

IMF 이후 '국민 고기'로 등극하다

삼겹살이 본격적인 외식 메뉴로 등장한 것은 1970년대 말부터다. "그간 우후죽순처럼 주점가에 늘어가던 삼겹살집에도 여름이 시작되면서 사람의 발길은 눈에 띄게 뜸해졌다."⟨동아일보⟩, 1979년 8월 25일 하지만 1980년대 초반을 넘어가면서 삼겹살은 도시 노동자들에게 '반주로 마시는 소주와는 뗄 수 없는 안주'가 된다. 1997년 7월 26일 자 ⟨매일경제⟩에는 이와 관련한 재미있는 기사가 실려 있다.

> 캘리포니아주 산타클라라시는 한국식당 코리안 스프링 바베큐가 식당에서 소주를 팔 수 있도록 해달라는 청원을 찬성 4, 반대 3으로 수락해, …… 시위원회의 소주 판매 허용근거는 소주는 700년 역사가 깃든 한국의 고유문화'라는 이유였다. 당시 캘리포니아주는 식당에서 맥주와 포도주만 취급하도록 했다.

1980년대 후반까지도 요리책에는 삼겹살이 조리해서 먹는 부위지, 그냥 구워 먹는 부위가 아니었다. 삼겹살은 돼지삼겹살전⟨한국의 가정요리⟩, 1980년, 삼겹살볶음《한국가정을 위한 가정의 》, 1982년, 삼겹살감자찜《돼지고기 요리》, 1983년 등으로 조리해서 먹었다. 1988년 윤서석의 요리책《한국요리》에는 "삼겹살은 다진 고기 요리나 조림으로 적당한 부위"라고 나온다.

1990년대 중반 냉장 유통 체제가 본격화되기 전에 돼지고기는 상할 염려가 있어 바짝 구워 먹어야 하는 음식이었다. 돼지고기는 주로 냉동을 사용할 수밖에 없었다. 냉동 삼겹살을 '옛날삼겹살'이라고 부르는 이유다. 냉동 삼겹살을 대패처럼 썰어 먹는 대패삼겹살도 이때 본격적으로 등장한다.

삼겹살은 IMF를 거치면서 국민 고기로 등극하고 2007년에는 85.5퍼센트의 압도적인 지지를 받는 돼지고기의 선호 부위《서울신문》, 2007년 5월 7일가 된다. 삼겹살이 국민 고기가 되면서 다양한 형태로 진화, 발전한다. 1990년대 중반 제주산 오겹살이 서울에 등장한다. 기존 삼겹살은 껍데기를 제거했지만 제주산 돼지는 껍데기를 그대로 붙여 '오겹살'이라고 불렀다. 제주의 돼지는 비계가 단단하고 단맛이 난다. 제주 사람들은 뼈를 제외한 돼지의 모든 부위를 먹는다.

1980년대 초반 제주 중앙동에서 유행하던 근 고기 문화가 2000년대 중반 제주에서 상업화되어 유행한다. 두툼하게 썬 제주 돼지를 근600그램으로 공급하는 근 고기 문화는 두꺼운 삼겹살을 유행시켜 3.5센티미터에 이르는 스테이크형 삼겹살까지 출현하게 된다. 하지만 가장 맛있는 삼겹살은 1센티미터 전후고, 일반적으로 판매하는 삼겹살은 0.5센티미터 정도라고 한다.

한국인의 비육 기술로 만들어진 삼겹살

'삼겹살'이라는 단어는 1959년에 처음으로 신문에 등장한다. 하지만 그 이전에 삼겹살은 '세겹살', '뱃바지' 혹은 '삼층제육'으로 불렸다. 1931년 방신영이 《조선요리제법》 제6판에 쓴 "세겹살뱃바지 배에 잇는 고기돈육 중에 제일 맛 잇는 고기"라는 구절은 삼겹살에 관한 가장 오래된 기록이다. 《조선요리제법》에는 돼지를 이용한 조리법으로 '저육구의猪炙'나 '제육편육'이 등장하지만 이들은 지금처럼 양념을 하지 않고 불에 직접 구워 먹는 음식은 아니었다. 1940년 홍선표가 쓴 《조선요리학》에도 세겹살이 '가장 맛 좋은 부위'라고 나온다.

평양이 소로 이름을 날렸다면 개성은 돼지가 유명했다. 개성 출신의 동화 작가이자 미식가였던 마해송이 1957년에 쓴 《요설록》에는 "개성산 삼층제육三層猪肉이 제육으로 치는 것은 정평이 있는 일이지만 개성산이라고 모두 삼층이 되는 것은 아니다. 양돼지 아닌 순종을 그것도 소위 양돈장 같은 대규모로 기르는 것이 아니라 과부댁 같은 데서 집에서 기르는 것이다. 뜨물을 얻어다가 먹이는데 얼마 동안은 잘 먹이고 그다음 며칠 동안은 뜨물을 주지 않는다. 잘 먹을 때에 그것이 살이 되고 못 먹을 때는 기름이 된다고 한다. 그래서 살, 비계, 살 삼층제육이 된다는 것이다. 고수하고 맛 좋은 품이 양돼지에 비할 바 아니다"라고 해서 삼겹살이 그냥 생기는 것이 아니라 비육肥肉의 결과임을 증언하고 있다.

지금의 삼겹살도 개성산 삼층제육의 비육과 별반 다르지 않다. 지방을 만들어 내는 사료와 근육을 만들어 내는 사료를 차례로 먹이는 '교차 사료' 방식을 도입해 돼지를 키운다. 세계 어디라도 돼지가 있는 한 뱃살은 있지만 세 겹으로 층을 이룬 삼겹살은 한국인의 비육 기술로 만들어진 것이다. 외국의 축산업계는 한국식 삼겹살을 만들기 위해 비육의 노하우를 전수받아 한국 시장에서 큰 성공을 거두고 있다. 전 세계 삼겹살은 전부 한국으로 모인다는 이야기는 농담이 아니다.

치킨

1970년대 중반부터 본격화된 생맥주 문화가
프라이드치킨과 만나면서 '치맥' 시대가 개막된다.
어쩌면 치킨 전쟁의 진정한 승자는 생맥주인지도 모른다.

축구의 종가 영국에서는 주말이면 펍에서 맥주를 마시며 축구 경기를 관람한다. 스포츠의 열기를 가라앉히거나 고양시키는 데 생맥주만 한 음료가 없다. 세상에서 가장 맛없는 생맥주를 마셔야 하는 대한민국의 슬픈 맥주 환경 속에서도, 날이 더워지면 생맥주는 사람들을 노란색 액체 속으로 빠져들게 하는 마성이 있다. 노란색 라거와 황금색 치킨의 조합은 스포츠를 시청하는 시간만의 음식을 넘어 저녁 최고의 먹거리로 등장했다. 2010년 월드컵을 앞둔 2009년, 치킨과 맥주는 '치맥'이라는 조합어로 만들어져 사전에 등재가 되고, 2013년 7월에는 유명 닭 프랜차이즈의 원조 집이 많은 대구에서 '치맥 페스티벌'이 준비될 정도로 우리 음식 문화의 일부가 되었다. 새끼를 낳지 않은 어린 닭을 의미하는 영어 단어 '치킨chicken'은 이제 닭 요리 중 가장 보편적인 음식의 이름이 되었다.

백숙 vs. 프라이드치킨

닭은 오랫동안 가난한 한국인들의 단백질 공급원이었다. 닭고기보다는 달걀 덕에 암탉을 황금알을 낳는 거위처럼 귀하게 여겼다. 귀한 손님이 오면 씨암탉을 잡아 백숙으로 만들어 먹였다. 한국인은 닭을 통째로 먹는 것을 즐겼다. 1890년 발간된 언더우드의 《한영자뎐》에도 '통닭'이 등재되어 있다. 1930년대 말에 나온 《조선외래어사전》에는 '프라이드치킨'이라는 말이 처음으로 등장한다. 물론 서양 요리를 소개하는 내용이다.

프라이드치킨은 원래 미국의 남부 흑인 노예들이 먹던 '영혼의 음식'이었다. 1950년대 중반까지 남부의 백인들은 물론 미국 전역에서 프라이드치킨 먹는 것을 꺼렸다. 그러나 1939년 프라이드치킨의 지존격인 'KFC켄터키 프라이드치킨'가 등장하면서 많은 미국인들이 프라이드치킨에 서서히 맛을 들이게 된다. 어떤 조사에 의하면 미국인들은 닭날개를, 한국인들은 닭다리를 좋아한다고 한다. 미국인들이 닭날개를 좋아하게 된 것은 흑인 노예들이 먹을

게 없어 버려진 닭날개를 기름에 튀겨 먹으면서 생겨난 슬픈 과거사 때문이란다. 그런 과거사가 있음에도 1960년대 이후 프라이드치킨은 대중의 강력한 지지를 받으며 미국을 석권한다.

전기구이 통닭에서 켄터키 프라이드치킨까지

1970년대 본격적인 성장기를 구가하던 일본에 KFC가 상륙하면서 치킨은 아시아인의 입맛을 사로잡는다. 한국에는 1984년 서울 종로에 정식 KFC 매장이 문을 열고 영업을 시작한다. 그렇지만 1980년대 초 한국은 KFC 치킨이 아닌, 조각난 닭으로 튀긴 프라이드치킨의 전성시대였다.

1960년대 초반 혜성처럼 등장해 한국에 본격적인 닭 요리를 대중적으로 만들었던 전기구이 통닭은 '영양센터'를 필두로 번성을 맞았다가 한순간에 조각 치킨에 밀려 하나둘 자취를 감추게 된다. 요새는 전기구이 하는 집을 보기가 쉽지 않지만, 명동에서 영업하고 있는 영양센터 본점은 당시는 물론 지금도 획기적인 전기구이 통닭 기계를 만들어 특허 등록을 한 후 영업을 했다. 가게 입구에서 체조 선수들처럼 몸을 만 채 노릇하게 익어 가는 전기구이 통닭은 가난하고 고기를 열망하던 대한민국 국민에게는 엄청난 충격이었다. 길을 지나던 아이, 어른 할 것 없이 일렬로 붙어 노릇하게 익어 가는 닭들의 도열에 넋이 나갔다. 새콤달콤한 무와 노릇하고 기름기가 잘 빠진 촉촉한 통닭은 가족들의 최고 외식이었다. 닭을 통째로 먹던 한국의 전통을 살린 이 멋진 음식은, 더 두툼하고 더 날렵하고 더 강한 맛이 돌면서 싸고 빠르게 나오는 프라이드치킨과의 전쟁에서 밀려난다.

1984년 이전에 프라이드치킨 붐을 주도한 건 프라이드치킨을 쪄 내는 찜통 수입업자들이었다. 조각 단위로 닭을 파는 것도 사람들에게는 매력적이었다. 500원이면 프라이드치킨 한 조각을 먹을 수 있었다. 1980년대의 프라이드치킨 붐은 시장마다 프라이드치킨 스타일의 닭튀김 전문점을 탄생시킨다. 부산의 '거인통닭'과 '희망통닭', 수원의 '매향통닭', '진미통닭', '용성통닭' 같은 시장 통닭의 강자들이 이때를 즈음해 스타 식당으로 탄생했고, 지금까지 그 명맥을 유지하고 있다.

프라이드치킨의 새로운 친구, 생맥주의 등장

1970년대 중반부터 본격화된 생맥주 문화가 기름지고 짠 프라이드치킨과 만나면서 '치맥' 시대가 개막된다. OB맥주가 1980년 문을 연 생맥주 전문점 'OB베어'는 열풍이라는 말이 어울릴 정도로 젊은이들과 직장인들에게 저녁의 일상 문화가 된다. OB베어는 유흥 지역과 상업 지역을 넘어 본격적으로 주택가로 입지를 옮긴다. 1981년 OB베어는 전국 600여 곳에 매장이 생겼고, 후발 경쟁사로 참여한 크라운비어의 '크라운 시음장' 등을 합치면 당시 생맥주 전문점은 1000여 곳으로 추산된다. 을지로3가의 '만선호프' 주변 맥주집들은 지금도 여전히 당시의 'OB베어' 마크를 달고 그 당시 그 분위기로 영업을 하고 있다.

1980년대 초반까지 고급술에 속했던 맥주는 "맥주는 고급술이 아니다"라

는 제조사의 슬로건 아래 대중화 전술을 펼쳐 막걸리를 물리치고 국민주로 등극하게 된다. 1988년 대학로에서 시작된 호프집 전쟁은 대중 맥주의 질적 전환을 꾀하면서 대중을 선점하기 위한 맥주회사 간 제2라운드 전쟁의 서곡이었다. 그와 더불어 이미 동네 상권을 장악한 프라이드치킨은 1988년 이후 새로운 국면을 맞이한다.

'양념 반, 프라이드 반'의 역습

KFC의 지속적인 출점으로 KFC 매장이 확대되어 당시까지 거의 제재를 받지 않던 동네의 가짜 켄터키 프라이드치킨 가게들은 상표권 전쟁과, KFC

에서 만든 원조 켄터기 프라이드치킨과의 맛 전쟁에서 패해 급격하게 사라진다. 이름을 빼앗기고 기술만 남은 프라이드치킨 가게는 동네 시장에서 '시장 치킨'이라는 새로운 이름을 달고 살아남았다.

이미 커질 대로 커진 한국의 닭 외식 시장에서 국내 닭 외식업자들은 1990년대 들어서면서 '양념통닭'이라는 새로운 콘셉트로 KFC의 프라이드치킨과 일전을 불사한 전쟁을 시작한다. '양념 반, 프라이드 반'의 신화는 이때 생겨났다. 1990년대 거세게 몰아닥친 양념통닭의 시대를 지나 2000년부터 KFC와 정면 승부를 겨룰 만한 'BBQ' 같은 강자들이 나타나고, 간장으로 양념한 치킨이 새로운 인기 스타로 등장한다. 치킨 전쟁은 아직 끝나지 않았다. 프라이드가 여전히 대세를 장악하고 있지만 치킨은 양념과 간장 같은 소스에 장작구이, 직화구이, 마늘통닭 같은 다양한 방식으로 끊임없이 진화하면서 대중에게 시험받고 있다. 그러나 닭의 전쟁 속에서도 생맥주만큼은 닭 곁을 한시도 떠나 본 적이 없다. 어쩌면 치킨 전쟁의 진정한 승자는 생맥주인지도 모른다.

대학교 때 50킬로그램 중반이던 내 몸무게는 이제 80킬로그램이 다 되어간다. 이 몸에 가장 많은 열량과 중량을 공급한 건 치킨과 맥주였다. 어릴 때 아버지가 노란 봉투에 담아 오던 전기구이 통닭이나 시장에서 튀긴 통닭이 그립다. 요새는 닭을 제대로 요리하는 집을 찾아보기 힘들다. 시장 닭도 튀김의 용이성 때문에 대개 조각난 닭을 튀겨 낸다. 염지한 닭에 MSG가 잔뜩 들어간 양념으로 반죽한 조각 치킨에는 미안한 이야기지만(난 닭 요리를 좋아하기 때문이다), 밀양역 앞에 있는 '장성통닭'의 잘 튀겨진 통닭을 직접 담근 아삭하고 새콤달콤한 초무와 생맥주를 곁들여 먹는 맛은 그런 조각 치킨에 비할 바가 못 된다. 장성통닭은 내 추억의 맛보다 더 뛰어나다. 수원 매향통닭의 독특한 통닭이 이에 근접한 맛을 낸다.

참게장

'게 맛은을 아냐고 물었을 때 꽃게를 떠올린다면
게 맛을 절반만 알고 있는 것이다.
게의 참맛은 민물에서 나는 참게가 최고다.

"니들이 게 맛을 알아?"라고 텔레비전 광고에서 물을 때, '난 게 맛을 알까' 생각해 봤다. 보드라운 물성에 은근한 감칠맛, 어린 시절부터 내게 게 맛은 꽃게의 맛이었다. 삼천포 출신인 어머니는 봄이면 알이 꽉 찬 암게를, 가을이면 살이 충만한 수게를 쪄 주시거나 꽃게 된장국을 끓여 주셨다. 짭조름하고 감칠맛 나는 된장국에 달보드레한 꽃게 살을 곁들여 따뜻한 밥

한 그릇을 먹으면서 세상에 이렇게 맛있는 음식이 더는 없을 것 같았다. 신사동의 게장 골목이나 마장동의 꽃게찜 하는 식당들은 성인이 된 내게 어린 시절의 꽃게 맛을 재현해 주는 공간이었다. 참게장의 맛을 알기 전에는 그게 전부인 줄 알았다. 난 게 맛을 반 정도만 알고 있었던 거였다.

게장은 암게 등딱지 안에 있는 내장을 일컫는 말

미식가로 유명한 조풍연 선생은 1987년 5월 15일 자 〈경향신문〉에 기고한 '게젓'에 관한 글에서 "게도 바다에서 잡히는 꽃게는 쳐주지 않았다. 논두렁이나 개울가에서 잡히는 참게가 오직 젓 담그기에 족한 게이다. 수게는 장이 들지 않으므로 아무짝에 소용이 없고 오직 암게가 장이 드는 법이다"라고 하면서 가을 참게 암놈을 최고로 맛있는 재료로 쳤다.

게장이란 게를 간장에 담가 먹는 것으로만 이해하는 경우가 많지만, 원래는 가을 암게의 등딱지 안쪽에 있는 내장을 게장이라고 불렀다. 간장에 숙성된 이 게장은 10년 이상 된 발사믹 식초처럼 진득하고 깊은 맛이 난다. 밥에 조금만 비벼 먹어도 깊은 풍미가 나는 탓에 '밥도둑'이란 이름이 붙은 것이다.

참게는 서남쪽에서 잡히는 동남참게와 경기도 일대에서 잡히는 참게, 남방참게, 애기참게 네 종류가 있다. 그중 임진강 주변에 서식하는 파주 참게를 최고로 쳤다. 파주 참게는 몸에 털이 없다. 임진강 바닥에 널린 자갈밭을 지나면서 털이 모두 사라지기 때문이다. 그 때문에 임진강 참게를 옥돌참게로도 불렀다. 참게는 바다와 민물이 만나는 기수汽水 지역에서 태어난 후 강으로 거슬러 오르거나 논두렁에서 2~3년을 지낸 뒤 다시 기수 지역으로 내려와 알을 낳는 습성이 있다.

참게는 가을이 제철로 참게잡이는 농민들의 부업으로 큰 인기를 얻었다. 파주 참게는 특히 유명해서 파주 월롱면 덕은리 옥석천의 게는 궁에 진상되는〈매일신보〉, 1935년 10월 3일 명품이었다. 하지만 게장은 디스토마의 원인이 되면서 일제강점기에 커다란 시련을 겪게 된다. 일제는 1924년에 파주 게의 어업과 판매를 전면 중단시킨다. 파주 군민은 경제적으로 막대한 피해가 발생하자 시위를 하고 진정서를 넣으며 저항했고, 1934년에 위생 강화를 조건으로 다시 어업과 판매가 진행된다.

민물에 사는 참게는 중국에서도 오래전부터 즐겨 먹던 음식이다. 주나라기원전 7~11세기 때는 게장이 하늘에 바치는 음식으로 등장할 정도로 게장을 귀하게 여겼다. 지금도 중국에서는 민물 게를 즐겨 먹는데 암게는 9월에, 수게는 10월에 맛있다 해서 '구자십웅九雌十雄'이라는 말도 사용한다.

민물에 서식하는 참게는 조개와 더불어 가장 잡기 쉬웠기 때문에 한민족도 오래전부터 게를 즐겨 먹었다. 게장은 충남 태안군 근흥면 마도 인근 해역에서 발견된 마도 1호선1208년 죽간에 '해해蟹醢'라는 단어로 처음 등장한다. 게장은 해장蟹醬, 해장蟹腸, 해해蟹醢, 해서蟹胥, 해황蟹黃 등으로 다양하게 불렸다.

17세기 중반에 쓰인 한글 조리서《음식디미방》에는 소금물로 담근 '게젓'

과 간장으로 담근 '약게젓'이 나온다. 약게젓은 "게가 쉰 마리 정도면 진간장 두 되, 참기름 한 되에 생강, 후추, 천초를 교합交合하여 짜게 달여서 식히고, 게를 깨끗이 씻어 이틀 정도 굶겨서 그 국에 담가 익으면 쓴다"라고 한다. 지금의 간장게장 담그는 법과 거의 같다.

살아 있는 참게에게 쇠고기를 먹여 키운 호사스러운 게장도 있다. 동해안에서 잡히는 커다란 털게로 담근 털게 간장게장도 별미다. 3년 연속 도쿄에서 미슐랭 2스타를 받은 한식집 '윤가에서도 털게 간장게장을 판다. 콩의 감칠맛과 소금의 짠맛이 결합된 우리 간장에 털게를 숙성시키면 약간의 비린 맛과 함께 깊고 그윽한 감칠맛이 털게 살에서 올라온다.

조선시대 정조는 대게로 담근 게장을 좋아한 듯하다. 1790년 1월 27일 자 《조선왕조실록》에는 "상정조의 체후가 편치 않아 자줏빛 게장紫蟹醬을 먹고 싶어 하시자, 관문이 도착한 날 고을 사람들이 여름 게는 장이 없다고 고하는데도 광악은 몸소 포구를 돌아다니면서 자줏빛 게장을 구해서 봉진하였습니다"라는 구절이 나온다. 자줏빛 게는 대게다.

고려 말의 문신이자 미식가였던 이색은 《목은집》에서 "어제 술을 가지고 가서 어판서魚判書에게 사례하고 난방煖房을 겸하였는데, 그 이웃에 사는 우정당禹政堂이 또 법주法酒와 자해紫蟹를 가지고 왔기에 함께 약실藥室에서 마시고 밤이 되어서야 돌아오다"라고 적었다. 법주와 대게를 먹는 모습이 눈에 선하다.

홍만선이 지은 《산림경제》에는 게에 관한 기록이 여럿 나온다. 중국의 《열

조시선》1652년은 게 기르는 법養蟹을 소개하고 있는데, "가을에 게를 많이 잡아, 암수 할 것 없이 대바구니에 담아 폭포 떨어지는 데나 혹은 급한 여울에 매달아 두고 벼 이삭을 주어 먹인다. 이듬해 봄쯤 되면 살이 많이 찌고 누렇고 흰 장黃膏白肪이 비길 데 없이 맛이 좋다"라고 적고 있다. 이 방법을 실제 조선에서 사용한지는 모르겠지만 참게로 대표되는 민물 게는 살이 아니라 내장을 주로 먹었음을 짐작케 한다.

《산림경제》에는 지게미게젓糟蟹, 술게젓酒蟹, 장초게젓醬醋蟹, 장게젓醬蟹, 법해法蟹, 게젓沈蟹, 약해藥蟹 등 다양한 게젓 조리법을 설명하는데, 이것으로 게를 다양한 방법으로 즐겨 먹었음을 알 수 있다.

산업화로 점점 잊혀 가는 우리 맛

기수 지역을 오가던 특성을 지닌 참게는 강에 하구둑이 세워지고 공업화로 물이 더러워지면서 급속도로 사라졌다. 논두렁에 서식하던 뭍게들도 농약 사용이 본격화되면서 자취를 감췄다. 그 빈자리를 1960년대 이후에 본격적으로 우리 식탁에 등장한 꽃게가 메웠다. 살과 알이 가득한 꽃게는 살이 거의 없는 민물 게와는 다른 식재료였다. 살이 많은 꽃게는 간장에 숙성시키기에 염분이 너무 많다. 꽃게무침은 살이 많은 꽃게를 활용할 수 있는 적절한 조리법이다.

참게 간장게장을 섬진강 포구에서 얼마 전에 먹었다. 밀가루가 들어가 단맛이 도는 진간장과 달리 우리 간장은 짠맛에 감칠맛이 나는 투박하고 날선 맛을 낸다. 암게의 내장이 그 간장을 받아들여 숙성되면 밥과 가장 어울리는 밀도와 맛, 향을 뿜어 낸다.

오래된 것이 다 좋은 건 아니지만 수백 년을 이어 온 것에는 그만 한 이유가 있다. 참게 간장게장과 갓 도정한 쌀로 지은 풍미 가득한 밥을 먹어 보면 소박하고 깊은 한국인 입맛의 품격을 확인할 수 있다. '맛있다'는 말이 자연스럽게 나온다.

비빔밥

비빔밥 위에 올린 채소와 고기는
단백질, 탄수화물, 식이섬유가 모인 균형 잡힌 식단이고,
다섯 가지 색은 오행을 기반으로 한 동양의 음식 철학을 반영한다.

비빔밥은 들여다볼수록 신기한 음식이다. 단순해 보이지만 한국 밥상의
철학적·실체적 요소가 모두 들어 있다. 같은 '밥' 문화권인 일본과 중국에
비빔밥이 없는 것도 불가사의한 일이다. 일본식 비빔밥인 고모쿠메시五目飯
나 중국의 반유반盤遊飯은 밥을 지을 때 여러 가지 재료를 넣는 음식이다. 일
본의 덮밥은 밥과 재료를 비비지 않고 위에 올린 재료들을 반찬으로 먹는

다. 비빔밥을 먹다가 이종격투기가 떠올랐다. 모르는 사람들에게는 그저 싸움처럼 보이지만 이종격투기는 권투와 유도, 주짓수, 무에타이 같은 온갖 무술을 비벼 만든 격투기의 완성판이다.

비빔밥에는 다른 음식과 마찬가지로 수많은 기원이 등장하지만 제사 음식이었다는 설이 가장 강력한 우승 후보다. 정성을 다해 조상에게 올린 음식을 후손들이 나눠 먹는 것은 유교의 기본 원리에 충실한 것이었고, 이는 가난한 사람에게 다양한 음식을 먹일 수 있는 귀한 기회가 되기도 했다. 진주의 비빔밥과 안동의 헛제삿밥을 보면 제사 음식설은 현재 진행형이다.

그렇다고 비빔밥이 제사 지낸 후 집에서 먹던 가정식만은 아니었다. 19세기부터 본격화된 외식 메뉴에 비빔밥은 '전골집', '냉면집', '쟝국밥집', '설녕탕집'(매일신보), 1912년 12월 12일과 함께 가장 보편적인 대중들의 외식 메뉴였다. 밥과 반찬을 한데 모아 국과 함께 먹는 비빔밥은 한국식 패스트푸드의 전범이다. 밥 위에 올린 채소와 고기는 단백질, 탄수화물, 식이섬유가 모인 균형 잡힌 식단이고, 다섯 가지 색은 오행을 기반으로 한 동양의 음식 철학을 반영한다.

비빔밥은 한국인이 즐겨 먹는 음식답게 전국적인 음식이다. 함평과 황등, 전주, 진주, 서울, 평양, 해주까지 예전부터 비빔밥으로 유명한 지역은 많았다. 평양의 비빔밥은 19세기 중반의 백과사전《오주연문장전산고》에 등장할 정도로 유명했다. 《오주연문장전산고》에 평양 비빔밥은 야채 비빔밥으로 나온다. 황주의 세하젓 비빔밥과 더불어 10여 개의 다양한 비빔밥이 등장하는데, 가장 주목할 만한 것은 '고추장 비빔밥美椒醬骨董飯'이다. 고추는 채소와 동물성 재료에 젖산 발효를 가능하게 하면서 한민족 식탁의 주연급 양념이 되었다. 채소와 고기가 들어가는 비빔밥에 고춧가루나 고추장을 넣는 것은 당연하고 자연스러운 일이다.

비빔밥이 등장하는 최초의 조리서 《시의전서》에서는 비빔밥에 고추장이 들어가지 않는다. 안동의 비빔밥 헛제삿밥에도 고추장 대신 간장을 사용한다. 《시의전서》가 안동과 가까운 상주 지역을 바탕으로 한 조리서인 것을 감안하면 제사에 쓰이지 않은 고추장이 비빔밥에 들어가지 않은 것은 당연하다. 고추장과 육회가 동시에 등장하는 것은 일제강점기 진주비빔밥에 관한 기사에서다.

하얀 쌀밥 위에 색을 조화시켜서 나를 듯한 새파란 야채 옆에는 고사리 나물 또 옆에는 노르스름한 숙주나물 이러한 방법으로 가지각색 나물을 둘러 놓은 다음에 고기를 잘게 이겨 끓인 장국을 부어 비비기에 적당할 만큼 그 위에는 유리 조각 같은 황청포 서너 사슬을 놓은 다음 옆에 육회를 곱게 썰어놓고 입맛이 깩금한 고초장을 조곰 없습니다. 여기에 일어나는 향취는 사람의 코를 찌를 뿐 아니라 보기에 먹음직합니다. 값도 단돈 10전. 상하 계급은 물론하고 쉽게 배고픔을 면할 수 있는 것입니다. 이렇게 소담하고 비위에 맞는 비빔밥으로 길러진 진주의 젊은이들은 미술의 재질이 많은 것입니다. 또한 의기의 열렬한 정신을 길러주는

것입니다. (《별건곤》, 1929년 12월 1일)

1930년대 신문을 보면 고추장은 조선 음식에는 빠지지 않는 화끈하고 달달한 소스로 자리 잡았다. "비빔밥에 고초장 격으로 가미하야"〈동아일보〉, 1937년 6월 16일라고 할 정도로 고추장은 다양한 채소와 고기를 넣어 먹는 비빔밥의 필수 양념이 된다. 당시의 조리서와 신문 기사를 보면 비빔밥은 한결같이 밥을 반찬이나 양념으로 비빈 후에 커다란 고명을 다시 얹어 주는 방식이 주를 이룬다. 익산의 황등비빔밥이나 북한의 해주비빔밥도 밥을 비벼 낸다. 맨밥 위에 고명과 꾸미, 소스를 얹어서 모든 것을 비벼 먹는 방식은 정확한 연대는 알 수 없지만 광복 이후에 생겨난 문화로 추정된다.

비빔밥과 관련해 새로운 해석이 가능한 기사가 "함평소주에 비빔밥"이라는 제목으로 등장한다.

잠간 함평에 와서 일을 보고 오후에 가는 이가 혹 점심을 먹게 되면 대개는 만히잇는 비빔밥집이니 그곳에 들어가 십오전짜리 비빔밥 한 그릇에 보통 주량을 가진 이면 소주 두 잔만 마시면 바로 목에 넝겨 버리기도 앗가울 만한 싼듯하고 깊은 맛이 있는 비빔밥 그 구수하고 향기 난 소주. 이러게 함평 시장날이면 외촌에 사는 분들이나 근읍에 계신 이들은 시장에 와서 비빔밥에 소주만 먹고 가는 예도 적지 안하며. (〈동아일보〉, 1938년 10월 4일)

육회비빔밥은 단순히 밥을 먹기 위한 것이 아닌 안주 겸 식사였다. 제주도의 돼지국수가 술꾼들의 속풀이 겸 해장 안주로서의 역할을 하는 것과 같다. 옛사람들에게 오일장은 생활의 공간이자 축제의 시간이었다. 집에서는 먹기 힘든 쇠고기와 밥을 비벼 소주 한잔을 곁들이는 날은 닷새 만에 돌아온 작은 소풍날이었다. 하지만 20세기 중반 이후에 전주비빔밥이 비빔밥의 대세로 자리매김하면서 비빔밥이 가지고 있던 다양성은 힘을 잃었다.

상추쌈

상추는 조선 사람들이 일상적으로 기르던 채소였다.
"주머니처럼 오므려 입에 집어넣는 상치쌈의 미각은
조선 사람만이 가질 수 있는 신록의 미각"으로 여겼다.

"보리밥 찬국에 고추장 상치쌈"《농가월령가》, 1843년은 하지夏至, 양력 6월 20일경 무렵 먹는 여름철 음식이었다. 1740년경 편찬된 《성호사설》에는 "우리나라 풍속은 지금까지도 소채 중에 잎이 큰 것은 모두 쌈을 싸서 먹는데, 상추쌈을 제일로 여기고 집마다 심으니, 이는 쌈을 싸 먹기 위한 까닭이다"라고 적고 있다. 상추쌈에 관한 가장 오래된 기록은 원나라 시인 양윤부가 14세기 중

반에 쓴 《난경잡영》의 "'고려 사람들은 생채生菜로 밥을 싸 먹는다高麗人以生菜裹'"라는 구절이다.

우리나라에서는 15세기 초 《두시언해》 초간본에 '生菜생채'라는 단어가 나온다. 17세기 중반 《옥담유고》에 실린 〈상추萵苣〉와거라는 시에 나오는 "들밥을 내갈 때 광주리에 담고 손님 대접할 때 한 움큼 뜯는다"라는 구절처럼, 상추는 조선 사람들이 일상적으로 기르던 채소였다. 《조선무쌍신식요리제법》1924년에는 "생치상추를 씻어 마지막에 기름을 치고 그 위에 쑥갓과 세파, 상갓과 깻잎, 방아잎, 고수풀에 비빔밥을 올려 먹는 것이 가장 좋고 흰밥을 싸 먹는 것이 다음이다"라고 나온다. 서울에서는 한강의 명물 웅어를 싸 먹는 것을 최고로 쳤다.

상추에 밥과 재료를 푸짐하게 넣어 먹는 모습을 마냥 좋게 본 것만은 아니다. 이덕무는 선비의 예절을 다룬 《사소절》1775년에서 상추는 "한입에 들어갈 수 없는 것을 피하라"라고 적고 있다. 《조선무쌍신식요리제법》에서는 쌈 싸서 먹는 것을 "위태롭고 더럽다"라고 우려하고 있다. 하지만 한국인 대부분은 "주머니처럼 오므려 입에 집어넣는 상치쌈의 미각은 조선 사람만이 가질 수 있는 신록의 미각"《경향신문》, 1947년 6월 12일으로 여겼다.

고추장

단맛과 매운맛의 조화

일본이 간장과 식초를 쓴다면 한국은 고추장과 참기름을 사용한다.
걸쭉한 물성, 적당한 단맛 뒤에 오는 매운 통증의 결합은
전 세계에서 하나뿐인 원초적인 체험이다.

    고추만큼 한민족의 식탁을 바꿔 놓은 것도 드물 것이다. 우리 고유의 장 문화에 고추라는 새로운 재료가 더해져 탄생한 고추장은 한국인은 물론이고 이제는 세계인의 입맛을 사로잡을 채비를 하고 있다.

    소스는 음식의 개성을 완성한다. 일본이 간장과 식초를 즐겨 쓴다면 한국은 고추장과 참기름을 사용한다. 이탈리아에서 맹활약하는 한국인 셰프 안

경석은 고추장을 이용한 고추장 파스타로 유럽의 미식가들을 열광시켰다. 걸쭉한 물성, 적당한 단맛 뒤에 오는 매운 통증의 결합은 전 세계에서 하나뿐인 원초적인 체험이다. 밥에 고추장을 넣고 비벼 먹을 정도다.

장수왕 영조의 기운을 돋운 고추장

조선 왕조의 장수 왕이자 입맛 까다롭기로 유명하던 영조는 고추장을 몹시 사랑했다. 《승정원일기》에는 영조가 고추장을 기운 돋우는 목적으로 사용한 구절이 재위 내내 꾸준하게 등장한다. 초기에 고추장은 음식이 아니라 약이었다.

고추에 관한 가장 오랜 기록은 1614년에 쓰인 《지봉유설》이다. 《지봉유설》에 나오는 고추는 식용으로 적합한 식재료는 아니었다. 고추는 도입 초기부터 100년 동안은 약용으로 쓰였고 고추장을 만드는 데 사용되었다. 《증보산림경제》에는 만초장蠻椒醬을 사용했다는 기록이 남아 있다. 고추장 이전에도 된장에 천초를 넣은 매운 장이 있었다. 하지만 고추 유입 이후에 고추장은 고추의 독무대가 된다. 고추장은 처음에는 약용으로 시작되었지만 점차 미식의 차원으로 바뀐다. 고추장은 우리 고유의 장 문화에 고추라는 새로운 재료가 더해져 탄생한 음식이다. 매운 소스는 중국에 비교적 많지만 고추장 같은 소스는 없다.

고추는 남미를 기원으로 한다. 그런데 고추의 어원인 '고쵸'라는 말은 고추 도입 이전에도 한반도에 있었다. 진초, 천초산초, 호초후추 같은 매운 향신료를 통틀어 '초椒' 혹은 '고쵸'라 불렀다. 이후 남미산 번초蕃椒가 들어오면서 고쵸는 지금의 고추만을 지칭하는 단어로 의미가 축소된다. 고추는 18세기 이후 재배가 본격화되면서 우리나라의 고추란 뜻으로 '아초我椒'라는 말도 쓰인다.

고추는 임진왜란 때 일본이나 중국을 통해서 들어온 것이다. 고추는 한국 음식을 대표하는 식재료로 자리 잡는다. 현대적 의미의 김치도 고추가 없었으면 불가능했다. 약으로서의 고추장이 아닌 음식으로서의 고추장은《수문사설》1740년경에 처음 등장하는데, 지금도 고추장의 대명사인 순창이 고추장의 명산지로 나온다.

18세기 초반 김춘택이 쓴《북헌집》에 실린 〈피체록〉에는 "초장 생강김치로 남은 밥을 권하여 여러 번 숟가락을 뜨게 하다"박채린,《조선시대 김치의 탄생》에서 인용라는 구절이 나온다. 17세기 후반 약용으로 쓰인 고추장이 18세기를 지나면서 음식으로 쓰인 것이다. 음식에 관한 다양한 기록을 남긴 정약용은 〈장기농가〉라는 시에서 "상추쌈에 보리밥을 둘둘 싸서 삼키고는 고추장에 파뿌리를 곁들여서 먹는다"박채린,《조선시대 김치의 탄생》에서 인용라고 썼다.

19세기 중반에 쓰인 백과사전《오주연문장전산고》에는 "가루로 만들어 장을 담그면 초장이다. 순창군 및 천안군의 것은 우리나라 으뜸이다"라고 쓰여 있다. 순창고추장은 메주를 만들 때 다른 지역과 조금 달리 콩과 멥쌀을 일대일로 넣은 뒤 고추를 섞어 고추장을 만든다.

한국인의 밥상 중심에 우뚝 선 고추장

단맛과 매운맛이 공존하는 고추장은 1920년대 본격적으로 소비된다. 하와이를 기반으로 한 신문 〈신한민보〉 1924년 3월 20일 자에는 간장, 고추장, 된장을 판매하는 광고가 실린다. 초기 이민자들도 지금의 우리처럼 고추장을 풀어 넣은 얼큰한 찌개나 비빔밥을 그리워했다. 1920년대부터 한국인의 정체성이 가장 강하게 반영된 비빔밥에 고추장은 약방의 감초처럼 빠지지 않는다. 당시 비빔밥은 설렁탕 같은 탕 음식과 더불어 대표적인 외식 메뉴였다. 밥과 채소, 고기에 고추장이 더해지면 달고 매운 개성이 생겨난다.

고추의 기본 성분인 캡사이신은 각성 작용도 한다. 영화나 드라마를 보면, 스트레스받은 미녀들이 냉장고 안에 있는 음식을 밥과 고추장을 넣어 비벼 먹는 장면이 등장한다. 1960년대 건어물 소비가 급증하면서 고추장은 더욱 맹위를 떨친다. 멸치나 대구포에 고추장은 필수 소스다. 굴비 같은 건어물은 고추장과 만나 굴비의 명품, 고추장굴비가 된다.

"밥숭늉을 마시고 탁주를 마시고 김치와 깍두기와 고추장"〈경향신문〉, 1947년 11월 9일을 먹듯이 고추장은 한국 음식의 대표 선수다. 한국인의 매운맛 사랑은 "맛이 모두 고추가루의 맛으로 변해집니다. 고추가루 들지 않은 음식이 없다 해도 과언이 아닐 만치 이회 육회에까지 고추장으로 먹습니다"〈동아일보〉, 1933년 6월 20일라고 할 정도로 한국인의 고춧가루와 고추장 먹는 습성은 오래전부터 강렬한 것이었다.

붉고 걸쭉하고 달콤하면서도 매콤한 이 기묘한 소스는 한국을 벗어나 세계로 뻗어 나가고 있다. 지난 정부에서 한식 세계화를 내걸고 밀던 비빔밥, 김치, 불고기 대신 고추장 같은 소스나 한국식 프라이드치킨이 해외에서 인기를 얻고 있다. 문화는 언제나 대중의 요구에 의해 시작되고 완성된다.

참기름

한식의 가장 큰 특징인 매운맛은 고추와 고추장을,
고소한 맛은 참기름을 근간으로 할 만큼
참기름은 가장 한식적인 식재료다.

13세기 쓰인 《삼국유사》 제7권 〈선율환생〉에 나오는 '胡麻油호마유'는 참기름에 관한 가장 오래된 기록이다. 《농사직설》1429년에는 참깨 재배법이 나올 정도로, 참깨와 참기름은 한민족의 오랜 식재료였다.

채소나 나물을 즐겨 먹던 한민족에게 지방을 보충해 주고 고소한 맛을 더해 주는 참기름은 필수 양념이었다. 정약용은 《다산시문집》에서 "마유麻油

한 가지만 예를 들어 말하더라도, 방언으로는 참길음參ㅎ릎이라 하고, 문자文字로는 진유眞油라고 하는데, 사람들은 '진유'라고 하는 것만이 표준말인 줄 알고, 향유香油, 호마유胡麻油 등의 본명本名이 있는 줄은 모른다"며 참기름의 다양한 이름을 적고 있다.

1680년경 쓰인 《음식디미방》에서 19세기 초반 《규합총서》까지 다양한 조리서에 참기름은 빠지지 않고 등장하며, 시대가 내려올수록 사용 빈도가 높아진다. 참기름은 예나 지금이나 비쌌지만 하층민들도 최소한 적은 양은 사용할 만큼 필수품이었다. 농촌에서나 서민들은 참기름 대신 들기름을 많이 사용했다.

1930년대에는 조선요리는 물론이고 중국요리〈동아일보〉, 1934년 12월 27일나 '양요리스츄'〈동아일보〉, 1935년 1월 23일를 만들 때도 참기름을 넣었다. 1923년에는 규모를 갖춘 제유공장인 조선유지공업소에서 참기름을 생산하기 시작했다. 1971년 콩으로 만든 해표식용유가 등장하면서 식용유가 본격적으로 대중화되지만 한국인의 참기름 사용은 여전하다. 한식의 가장 큰 특징인 매운맛은 고추와 고추장을, 고소한 맛은 참기름을 근간으로 할 만큼 참기름은 가장 한식적인 식재료다.

장아찌

여러 종류의 장과 재료를 사용함으로써
다양한 맛의 세계를 보여 주는 장아찌는
한국 음식을 풍부하게 할 보물창고다.

　제철에 나는 채소를 보관해서 먹기 위한 방법에는 여러 가지가 있다. 시래기처럼 말려 수분을 제거하거나, 소금에 절이는 방법이 기본이다. 혹은 무나 배추처럼 소금에 절여 고춧가루와 젓갈을 넣는 김치류, 그리고 장에 넣어 미생물의 발효로 부패를 막는 장아찌도 있다.

　밥 먹을 때 김치의 일종인 장아찌는 빠지지 않는다. 도시락을 싸 가던 시절의 사람들에게 깻잎장아찌는 최고의 밥반찬 중 하나였다. 진한 고기 국물을 먹을 때는 고추장에 담근 마늘장아찌가 제격이다. 무를 말린 무말랭이 장아찌는 내 단골 도시락 반찬이었다.

장아찌는 《박통사언해》1517년에 '쟝앳디히'라고 나온다. '쟝앳디히'는 '장'에 처소격 조사인 '애ㅅ', 그리고 여기에 '디히'가 붙어, '장에 담금 김치'라는 뜻이다. 《동문류해》1748년에는 '쟝앗디이'로, 《한청문감》1779년에는 '쟝앗지이'로 표기되어 있다.

하지만 장아찌의 어원을 장과지醬瓜漬, 즉 오이장아찌가 장아찌로 변한 것이라고 주장하는 학자들도 있다.《국어대사전》, 1991, 금성출판사 장아찌가 처음 등장하는 문헌은 고려말기 이규보가 지은 〈가포육영家圃六詠〉이라는 시인데 무장아찌와 장에 담근 오이장아찌가 동시에 등장한다. 오이와 무는 장아찌 출현 초기에 가장 많이 사용된 재료다. 조선시대 중기까지 장은 귀한 음식이었던 탓에 장아찌도 서민들이 쉽게 먹을 수 있는 음식이 아니었다. 이색의 《목은집》에는 "병중에 오이장아찌가 꿀처럼 귀했다"라고 나온다. 오이장아찌는 여름이나 가을에 주로 먹던 음식이었다.

오이장아찌 오이를 쓴 대가리는 자르고 한번 씻어 가지고 넷에 쪼개어 속을 도려내고 2센티 길이로 잘라 놓고 썰어 놓은 오이를 소금을 뿌려서 한 십분 가량 두었다가 정한 헌겊으로 싸서 꼭 짜서 번철에 기름을 두르고 새파랗게 살짝 볶아놓고 간장 한 홉을 한참 끓여서 파 마늘 생강 등을 한데 끓인 간장에 넣고 실고추도 약간 이겨서 간장에 넣고 고명장이 시기 전에 볶아놓은 오이에다 꼭꼭 눌러서 잘 덮어두었다가 상에 놓을 때는 깨소금과 설탕을 처서 놓으라. (《민족보결》, 1959)

한국인이 좋아하는 장아찌 1위는 깻잎장아찌

장아찌는 장지醬漬, 장과醬果 지채漬菜, 장저醬菹 등으로 다양하게 불렸다. 저菹는 고대 중국에서 먹던 채소 절임이었는데 한국 김치의 먼 조상뻘이다. 후한대25~220년에 쓰인 《석명》에는 "저菹는 막는阻 것이다. 발효시켜 차지도 덮지도 않은 곳에 두어 물러지지 않게 한 것이다"라고 나오는데 저는 야채를 저장하고 발효시키는 음식을 말한다.

1957년에 황혜성이 쓴 《이조궁중요리통고》의 '장과' 항에는 "장과는 장아찌라고 하는데 오이, 무, 열무, 미나리, 배추속대 같은 것을 소금에 절이거나 햇볕에 말려서 물기를 빼고 소고기와 함께 넣고 볶아서 실고추, 참기름, 깨소금을 넣어 한데 버무린 것이다"라고 궁중식 장아찌 만드는 법이 나온다. 궁중에서는 주로 장아찌 대신에 장과라는 단어를 주로 사용했다. 궁중 음식답게 귀한 쇠고기를 사용한 것이 특징이다.

〈전통 밑반찬의 인지도와 이용실태에 관한 조사연구〉1995년라는 논문에는 장아찌의 인지도와 기호도가 나오는데, 두 항목에서 깻잎장아찌가 1위를 차지한다. 인지도 2위는 고춧잎, 3위 마늘, 4위 마늘종, 5위 풋고추, 6위 오이, 7위 무말랭이 순으로 나와 있다.

깻잎장아찌는 초여름의 계절 요리였다.〈동아일보〉, 1960년 6월 23일 깻잎장아찌
에 관한 기록은 1960년대 초반부터 본격적으로 등장한다. 당시 깻잎은 "쉽
게 구할 수 있고 값이 싼" 식재료였다. 이 깻잎을 "간장, 고추가루, 파 다진
것, 마늘 다진 것, 실고추 깨소금으로 만든 양념간장에 적셔 차곡차곡 단지
에 담가 3~4일이 지나면 시원하고 새큼한 미각으로 우리 식탁의 구미를 돋
우어준다."〈동아일보〉, 1963년 8월 29일 깻잎장아찌는 며칠 지났다 먹기도 하지만
"즉석 장아찌로도 초여름 별미. 갖은 양념한 간장을 이파리마다 발라서 밥
위에 찌거나 프라이팬에 살짝 지져놓는데 깻잎의 향긋한 냄새가 구미를 돋
운다."〈경향신문〉, 1967년 7월 5일 깻잎장아찌는 간장으로만 만들지 않았다. "연하고
작은 깻잎을 씻어 물을 빼고 가제에 싸서 된장에 켜켜로 박아두면 여름 동
안 좋은 밑반찬"〈경향신문〉, 1968년 6월 3일이 되었다.

마늘장아찌도 하지夏至 전에 담가 놓아야 좋은 초여름 음식이었다.〈동아일
보〉, 1960년 6월 18일 연한 마늘의 줄기를 자르고 껍질만 한 겹 벗겨 소금에 절인
후 설탕에 버무리고 식초에 넣어 1개월 뒤에 먹었다. 마늘장아찌는 신한제
분주식회사에서 만든 닭표간장 광고에 초여름에 먹는 먹거리로 나와 있다.〈
동아일보〉, 1963년 6월 17일 마늘장아찌는 의주에서는 장과 꿀을 넣어 담그며, "송
도개성에서는 장을 아니치고 만들어 이것을 초선"이라고 불렀다.〈동아일보〉, 1931
년 7월 5일 마늘장아찌를 고급스러운 음식으로 먹었음을 알 수 있는 대목이다.

1964년 6월 11일 자 〈동아일보〉에는 여름 식탁의 별미 오이초장아찌, 굴
비장아찌, 풋고추장아찌가 나오고 대한종합식품회사는 1969년 9월 24일

파월派越 4돌을 맞아 베트남에 있는 국군 장병들에게 추석 선물로 마늘장아찌 10만 통을 보냈다.〈경향신문〉, 1969년 9월 25일

한국의 장 문화와 함께 발달해 온 장아찌

오랫동안 장아찌는 된장이나 간장에 담근 것을 먹어 왔지만, 고추장이 대중화된 19세기 이후 고추장장아찌도 큰 인기를 얻었다. 조기로 유명했던 영광에서는 고추장에 굴비를 박아 넣은 고추장굴비가 부자들의 밥상이나 한정식 상에 올랐다. 여름이면 찬물에 밥을 말아 먹는 탓에 영광에서는 이른 봄에 잡은 조기로 만든 굴비를 대가리와 가시, 껍질을 제거한 다음 살을 7~8개의 조각으로 나눠 5~6개월 후에 꺼내 먹었다. 감칠맛이 풍부하고 매콤한 고추장굴비는 여름철 잃어버린 입맛을 찾는 데 제격이다. 고추장에 굴비처럼 단백질이 풍부한 생선이나 고기 혹은 감칠맛이 나는 해조류를 넣으면 재료의 맛은 물론이고 고추장의 맛도 좋아지는 효과가 있었다.

1931년 5월 24일 자 〈동아일보〉에는 이례적으로 고추장으로 만든 장아찌에 관한 장문의 기사가 실린다. 재료는 주로 가을이나 겨울에 담그기 좋은 것으로, 한 항아리에 두세 가지씩 넣어도 상관없다. 오이, 참외, 동아, 수박, 더덕, 도라지, 감자, 가지, 송이, 죽순, 풋고추, 풋감, 당귀에 통마늘이나 풋마늘까지 그 종류가 다양하다. 마늘잎고추장장아찌는 겨울이나 봄에 밥반찬이나 술안주로 좋고, 파래는 물론 쇠고기나 전복, 도미, 숭어, 마른 청어비웃, 마른 대구, 북어, 왕새우, 멸치도 살만 저며 장아찌로 담근다. 전주에서는

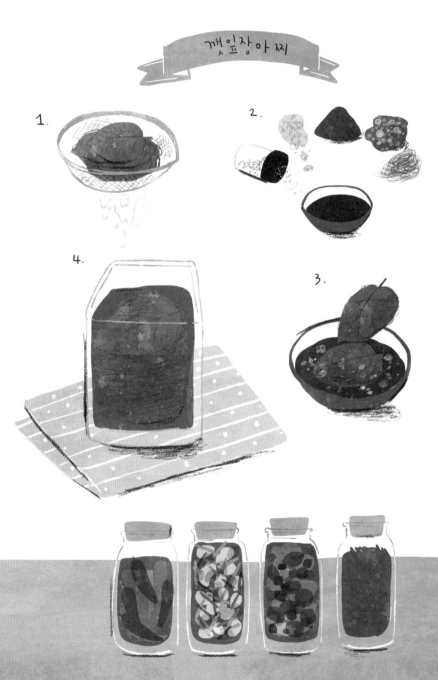

생강 줄기를 고추장에 넣은 개양이라는 장아찌도 먹었다. 문헌에 등장하는 장아찌 종류는 한국인이 즐겨 먹는 재료의 수만큼이나 많다.

식재료를 보관하기 위해 시작되었지만 음식에 대한 욕망 덕에 장아찌는 정교해지고 세련되어졌다. 냉장 보관, 당일 배송, 하우스 재배로 같은 음식의 구조적 변화 속에서 제철 음식을 보관할 필요성이 떨어지면서 장아찌는 사라질 위기에 처했다. 하지만 한번 태어난 음식 문화는 쉽게 사라지지 않는다.

영광 굴비와 흑산도 홍어, 포항 과메기는 보관의 용이성을 넘어 미식가들의 입맛을 사로잡으며 화려하게 부활하고 있다. 여러 종류의 장과 재료를 사용함으로써 다양한 맛의 세계를 보여 주는 장아찌는 한국 음식을 풍부하게 할 보고다. 밥 DNA가 한국인에게 남아 있는 한 김치처럼 장아찌도 살아남을 것이다.

젓갈

젓갈은 육류나 어패류를 오랫동안 보존할 수 있고,
염분도 섭취할 수 있으며, 감칠맛도 나서
오랫동안 한민족의 밥상에서 빠질 수 없는 존재였다.

천일염 논쟁이 음식계를 넘어 대한민국 먹거리 문화계의 뜨거운 감자가
되었다. 소금이 없으면 사람은 물론이고 짐승도 살 수가 없다. 소금은 모든
음식의 기본이 되는 양념이다. 흔히 음식을 오래 보존하기 위해 소금을 사
용한 것으로 알지만 소금을 다른 형태로 바꿔 보관한 경우도 있다. 한민족
음식에서 중요한 구성 요소인 된장, 간장, 젓갈, 게장이 모두 변형된 형태로

244

밥상의 감초 같은 존재

소금을 먹는 법이었다.

양념을 요리의 필수 요소로 여긴 한민족은 설렁탕이나 곰탕을 제외하고는 직접 소금을 쳐서 먹는 경우가 별로 없다. 밥과 채소를 주로 먹던 서민들에게 짠 음식은 가장 중요한 반찬이었다. 그중에서도 젓갈은 육류나 어패류를 오랫동안 보존할 수 있고, 염분도 섭취할 수 있으며, 단백질이 분해되면서 나오는 아미노산이나 이노신산 같은 감칠맛이 나는 성분으로 인해 맛도 좋아 오랫동안 한민족의 밥상에서 빠질 수 없는 존재였다. 특히 김치가 대중화되는 19세기 이후부터 우리 식탁에 중요한 음식이 되었다. 그 이전에는 양반가나 왕가에서만 먹을 수 있는 귀한 음식이었다.

19세기 이전에는 왕이나 양반만 먹을 수 있는 귀한 음식

젓갈에 관한 가장 오래된 기록은 경주 안압지 태자太子의 주방인 포전庖典 주변에서 발견된, 7~10세기에 걸쳐 제작된 목간에 나오는 젓갈의 이두인 '助史'와 젓갈을 의미하는 한자어인 '해醢', '자鮓', '갑醢' 등이다. 젓갈로 사용된 재료는 가오리, 노루, 멧돼지, 새, 물고기 등으로 지금의 젓갈이 어물魚物을 주로 이용한 것과는 상당한 차이를 보인다. 《삼국사기》 신문왕 8년683년 기록에 왕가의 납폐 품목에 '해'가 나온다. 태안의 마도 해역에서 발견된 조운선 마도 1호선1208년, 마도 2호선1200년 전후에는 해남, 나주, 장흥 등에서 만든 생선젓, 고등어젓, 게젓, 알젓 등을 개성의 집권층에게 올린 목간 기록들이 나왔다.

1236년에 쓰인 《향약구급방》에는 청어젓을 비롯한 어물 젓갈이 등장한다. 전순의가 1450년경에 쓴 《산가요록》에는 어해魚醢, 양해䑋醢, 돼지껍데기 식해猪皮食醢, 도라지식해桔梗食醢, 날꿩고기식해生雉食醢, 원미식해元米食醢 등을 담그는 방법과 시기가 자세히 적혀 있다. 조선 중기까지 동물과 어물 젓갈이 이용된 기록들은 《조선왕조실록》에 여럿 등장한다. 〈한국의 젓갈 종류의 해설〉이라는 자료에는 젓갈 이름이 295개나 등장한다. '가자미젓', '가좌미해'와 같이 동일한 젓갈을 다르게 표기한 것도 있지만, 한국인의 방대한 젓갈 사용법은 놀라울 정도다.

젓갈의 일종인 식해는 곡물을 넣어 발효시킨다는 점이 일반 젓갈과 조금 다르다. "주로 젓은 서해안과 남해안에서 담그며, 식해는 경상도를 중심으로 동해안에서 담근다. 동해안에 식해가 발달한 이유는 서해안과 달리 사계절 내내 생선을 잡을 수 있으므로 구태여 오래 보존해 둘 필요가 없기 때문이다. 또한 동해안은 소금 생산량이 적기 때문에 소금이 풍부한 서해안에서는 젓이 발달하고 소금이 부족한 동해안에서는 식해가 발달하게 된 것이다."서 혜경, 〈우리나라 젓갈의 지역성 연구〉

"저녁 밥상에 오른 맛깔진 젓갈"《계곡집》, 1643년이라는 표현처럼 젓갈은 밥과 함께 먹어도 맛있지만, 김치에 들어갔을 때 더욱 진가를 발휘한다. 김정국의 《사재집》에 "자하젓과 오이로 섞박지交沈菹를 만들어 보내며 선사하며 말하기를 '이 김치는 심히 자미가 있어 공이 반드시 감동할 것입니다'라고 말했다"라는 구절은 김치에 젓갈을 사용했음을 알 수 있는 첫 기록이다.박채린, 〈조

지금도 많이 먹고 있는 새우젓이 조선 중기부터 애용되었던 것이다.

조선시대 중반에 지금 많이 사용되는 액젓이 등장한다. 조선시대 문헌에는 액젓을 '醢해수' 또는 '醯해즙'이라 했다.《주방문》1600년대에서는 간장과 새우젓을 혼합하여 조미료를 사용했다고 하며, 젓갈 위의 국물을 떠서 달이기 전의 것을 젓국이라 하는데,《증보산림경제》에는 이 젓국을 무침, 국, 찌개 등의 조미료로 이용했다는 기록이 전해진다.〈동아시아 젓갈의 출현과 베트남의 느억맘〉 19세기 이후 새우 같은 젓갈 재료의 공급이 원활해지고 고춧가루가 본격적으로 사용되면서 젓갈의 풍미와 고춧가루의 매콤함이 더해진 김치는 전 국민이 즐겨 먹는 음식으로 자리 잡게 된다.

김치는 기본, 밥상에 빠지면 서운한 주연급 조연

김치에 사용되는 수많은 젓갈 중에서 새우젓과 멸치젓은 젓갈의 대표 선수다. 멸치젓은 전라도와 경상도의 남쪽 지방에서 주로 사용하는데 젓국으로 주로 이용한다.

"멸치 젓갈은 전라남도 추자도와 거문도산이 조선 제일이라 기중에는 추자도산 멸치 젓갈은 고래로 명성이 자못 높아 가격이 타지방산보다 2, 3할이 고가다. 젓갈용 멸치는 너무 크지도 안코 너무 작지도 아니한 중형 멸치가 가장 적합한 법인데 추자도 근해에서 젓갈용에 알맞은 멸치가 잡히는 것이다."〈동아일보〉, 1939년 6월 15일 서울에서는 오래전부터 마포로 들어온 새우젓을 주로 사용했다.

새우젓은 대표적인 젓갈답게 생산일에 따라 품질을 세밀하게 구분했다. "새우젓은 오월에 잡는 것을 오젓이라 하고 유월에 잡는 것을 육젓이라 하고 삼복 후에 잡는 것은 추젓이라 하는데 제일 성숙하야 익는 때가 유월이라 하야 육젓을 제일로 치는 것이니 육젓 중에서도 초복을 지내고 중복이 되기 전에 잡은 것이라야 더욱 조타는 것입니다. 새우를 잡을 때에 밤에 잡는 것을 밤물잡이라 하고 낮에 잡는 것을 낮물젓이라 하고 새벽에 잡는 것을 새열둑이라고 하는 것인데 밤에 잡는 새우는 붉은 색깔이 왼 몸에 잇게 된 것으로 제일 조타는 것이요, 낮에 잡은 것은 그 색깔이 희게 된 것인데 썩 조타할 수 없고 새벽에 잡은 새우는 머리와 꽁지가 붉게 된 인대 중품 새우라고 해서 같은 날에 잡어도 주양의 구별이 잇어 그 색택이 다르고 호불호가 있는 것입니다."《동아일보》, 1937년 8월 17일

"동절을 앞두고 황해도 연안으로부터 마포강으로 새우젓을 실은 젓갈 배가 수없이 들어오고 있다. 최근 들어오는 것은 매일 평균 4천여독 가량이라"《경향신문》, 1947년 9월 10일는 기사에서 알 수 있듯이 새우젓은 서울 사람들의 김장에 가장 중요한 젓갈이었다.

조선시대에는 젓갈을 파는 상점인 염해전鹽醢廛이 마포 서강西江에 있었다. 염해전은 《일성록》 1782년정조 6년 11월 21일 자 기록에 "300년 동안 생업으로 삼아 생계를 유지해 온 것입니다"라고 나오고 1788년정조 12년 5월 1일 자 기록에는 "서강의 백성들이 400년 동안 대대로 전해 온 생업"이라고 적혀

있다. 마포의 염해전이 최대 14세기 후반에서 짧게는 15세기 후반에 형성된 것을 알 수 있는 대목이다.

한국전쟁 이후 마포로 들어오는 한강길이 끊기면서 조선 초기부터 이어온 젓갈 시장과 황해도산 최고급 새우젓 문화가 사라졌다. 서울의 부잣집에서는 반찬이나 술안주로 매콤하고 달달하고 깊은 맛이 나는 서산의 어리굴젓을 즐겨 먹었다. 김치는 기본이고 경상도의 돼지국밥, 전라도의 순대국밥에 젓갈이 빠지면 심심하고 외롭다. 젓갈은 19세기 이후 한국인의 밥상에 빠지지 않는 감초 같은 존재가 되었다.

콩나물

가난한 선비와 더 가난한 농부들의 생명의 음식이
이제는 한국인들의 가장 중요한 식재료로,
겨울이 아닌 사철 먹는 일상식이 되었다.

시루에 콩을 넣고 검은 천으로 덮은 다음 물을 붓는다. 물을 먹은 콩에서
싹이 자란다. 닷새 정도 지나면 딱딱한 콩이 아삭거리는 노란 콩나물로 변
한다. 기적에 가까운 생명의 전환이다. 한반도와 만주 일대에서 생겨난 콩
은 한민족 음식사에 밥만큼 중요한 작물이다. 된장과 간장, 고추장, 두부가
다 콩으로 만들어졌다. 물로만 자라는 이 특이한 콩나물을 누가 개발했는지

는 알 길이 없지만 놀라울 뿐이다.

산둥성 태수 가사엽이 6세기에 지은 《제민요술》에는 콩의 종류가 나온다. 그중에 황고려두黃高麗豆, 흑고려두黑高麗豆가 나오는데 이를 통해 고구려의 콩이 유명했음을 알 수 있다. 고구려시대에 콩을 이용해 장을 만든 기록은 여럿 남아 있지만 안타깝게도 콩나물에 대한 기록은 없다. 6세기에 중국 양나라 도홍경이 쓴 《신농본초경집주》라는 책에는 콩에서 나온 새싹을 말린 황권黃券, 즉 콩나물이라 한다고 나온다.

콩나물에 대한 한민족 최초의 기록은 의서인 《향약구급방》1236년에 쓰인 콩에서 나온 새싹, 대두황大豆黃이다. 허균이 쓴 《한정록》1618년에는 두아채豆芽菜에 관한 설명이 두 번 나온다.

> 녹두菉豆: 4월에 심었다가 6월에 수확하고, 이때 씨를 재차 심어서 8월에 또 수확한다. 이는 1년에 두 번씩 익는 콩으로 두분豆粉 및 두아채를 만들 수 있다.
>
> 두아채: 녹두를 좋은 것으로 가려 이를 밤을 물에 담가 불려 새 물로 일어서 말린 다음, 갈자리蘆席에 물을 뿌려 적셔서 땅에 깔고는 그 위에 이 녹두를 가져다 놓고서 젖은 거적으로 덮어 두면 그 싹이 저절로 자란다.

두아채는 원대元代의 백과사전인 《거가필용》에 그 이름과 제조법이 처음 등장한다. 《한정록》은 이를 인용한 것이다.

녹두로 만든 나물을 우리는 녹두나물이나 숙주나물이라 부른다. 콩나물과 거의 비슷하지만 같은 재료는 아니다. 녹두로 만든 녹두나물을 숙주나물로 부르는 것에 대해서는 1924년에 지은 《조선무쌍신식요리제법》에 처음 나오는데, 신숙주를 미워한 사람들이 만두소로 넣어 짓이겨 먹는다는 의미로 붙였다는 이야기가 나온다. 쉽게 상하는 숙주나물의 특성이 변절한 신숙주와 닮아서 붙인 이름이라는 속설도 있지만 믿기 어렵다. 그보다는 콩이라는 뜻의 '숙菽' 자와 관련이 있을 거라고 추정한다. 《한정록》에는 콩도 등장하는데 콩나물로 만들지 않은 것도 조금 이해하기 힘든 대목이다.

가난한 사람들의 먹거리

콩과 콩나물에 관한 이야기를 하면서 이익 선생을 빼놓을 수 없다. 그는 말년에 귀농을 했는데, 선생이 지은 방대한 백과사전인 《성호사설》을 보면 그의 학식의 폭과 인품의 깊이, 사람에 대한 애정을 확인할 수 있다. 《성호사설》 6권 〈만물문〉 편에는 콩에 관한 기록이 있다.

> 숙菽: 콩은 오곡五穀에 하나를 차지한 것인데, 사람이 귀하게 여기지 않는다. 그러나 곡식이 사람을 살리는 것이라는 주장을 삼는다면 콩의 힘이 가장 큰 것이다. 후세 백성들 중에 잘사는 이는 적고 가난한 자가 많으므로, 좋은 곡식으로 만든 맛있는 음식은 다 귀현貴顯한 자에게로 돌아가 버리고, 가난한 백성이 얻어먹고 목숨을 잇는 것은 오직 이 콩뿐이

었다. 값을 따지면 콩이 헐할 때는 벼와 서로 맞먹는다. 그러나 벼 한 말을 찧으면 너 되의 쌀이 나게 되니, 이는 한 말 콩으로 너 되의 쌀을 바꾸는 셈이다. 실에 있어서는 5분의 3이 더해지는바, 이것이 큰 이익이다. 또는 맷돌에 갈아 정액精液만 취해서 두부豆腐를 만들면 남은 찌끼도 얼마든지 많은데, 끓여서 국을 만들면 구수한 맛이 먹음직하다. 또는 싹을 내서 콩나물로 만들면 몇 갑절이 더해진다. 가난한 자는 콩을 갈고 콩나물을 썰어서 한데 합쳐 죽을 만들어 먹는데 족히 배를 채울 수 있다. 나는 시골에 살면서 이런 일들을 익히 알기 때문에 대강 적어서 백성을 기르고 다스리는 자에게 보이고 깨닫도록 하고자 한다.

《성호사설》서문에는 "콩죽 한 사발과 콩나물로 담은 김치 한 접시, 된장으로 만든 장물 한 그릇으로, 이름을 삼두회三豆會라고 하였다. 어른과 아이가 모두 모여서 다 배불리 먹고 파하였으니, 음식은 박하지만 정의는 돈독한 데에 무방하였다"라는 아침 이슬처럼 청아하고 간결한 문장으로 콩의 이로움을 적었다. 《성호사설》에도 나오지만 콩나물은 오랫동안 가난한 사람들의 먹거리였다.

전주 지역의 명물, 겨울철 음식의 한계를 넘어

일제 식민시대, 경성의 빈민들에게 콩나물은 없어서는 안 될 필수 식재료였음을 알 수 있는 기사들이 1920년대에 자주 등장한다. 콩나물은《사류박해》1855년에는 '黃卷菹황권저'로, 《일성록》1795년 1월 21일 자에는 '菽菜숙채', 1796년 2월 11일 자에는 '太芽태아', 《만기요람》에는 '黃芽황채'로 나오는 등 다양한 이름으로 불렸다. 콩나물은 사시사철 전국 어디에서라도 먹을 수 있었지만 일제강점기부터 콩나물이 가장 유명한 지역은 전주였다.

〈경향신문〉1977년 11월 5일 자에는 "전주 사람들이 콩나물을 즐기게 된 것은 대략 80년 전19세기 말 전주에는 수질상으로 보아 풍토병인 토질을 막기 위해 사흘이 멀다 하고 콩나물을 먹어야 한다는 이야기가 수세기 동안 구전돼오면서 향토의 관습으로 돼버렸다"라고 나와 있다. 전주 토박이들의 이야기를 들어보면 전주의 어느 집이나 겨울이면 콩나물을 길러 먹었다고 한다.

외식도 예외는 아니어서 《별건곤》1929년 12월 1일 자에는 소금으로만 간한 콩나물국을 술과 함께 마시는 '全州名物전주명물 탁백이국'이 나온다. 전주에서는 콩나물해장국은 물론이고 비빔밥에도 수염뿌리 없는 어린 콩나물을 반드시 넣어 먹었다. 70퍼센트 정도 자란 콩나물은 다 자란 콩나물과 달리 고소한 맛이 난다. 북어와 콩나물을 넣고 끓인 해장국은 술꾼들에게 구원의 음식이다.

〈동아일보〉1931년 10월 3일 자에는 성호 이익 선생의 삼두회에서 먹던 것과 비슷한 삼태탕이 등장한다.

콩나물을 연하게 잘 기른 걸로 꼭지 따고 정히 씻은 후에 기름 없는 정육을 잘게 썰고 흰파와 호초가루를 치고 맛있게 주물러 솥에 넣고 볶다가 북어를 토막쳐 넣고 두부를 반듯반듯하게 썰어 넣은 후에 간 맞춰 물을 붓고 매우 끓거든 퍼내어 고초가루를 쳐서 먹습니다. 콩으로 만든 것이 두부와 콩나물과 명태까지 들어 있어서 삼태탕이라고 합니다. 대체 콩나물이 몸에 유익하다 하야 온갓 나물에 제일로 채고 여러 가지 국과 지짐이에 넣어 먹습니다.

지금 우리가 먹는 북어해장국이 삼태탕과 거의 비슷한 음식임을 알 수 있다. 이익 선생은 "콩나물죽이 없었든들 선비는 무엇으로 살꼬"〈동아일보〉, 1936년 1월 1일라고 말했다. 가난한 선비와 더 가난한 농부들의 생명의 음식이 이제는 한국인들의 가장 중요한 식재료로, 겨울에 주로 먹던 음식이 사철 먹는 일상식이 되었다.

당면

매끄러운 식감과 무색무취한 당면은
다른 재료와 섞이면 그 재료의 속성을 그대로 받아들여서
어떤 음식과도 잘 어울린다.

면 같기도 하고 밥 같기도 한 당면순대는 먹기에 편하고 식감도 그만이다. 순대 대중화의 일등 공신은 당연히 당면이다. 1960년대 이전까지 순대는 잔칫날에나 먹던 귀한 음식이었다. 1960년대 말부터 일본 등 외국으로 돼지고기 수출이 본격화되자 돼지 부산물이 넘쳐나기 시작했다. 주요 수출국인 일본에서 돼지의 머리, 다리, 내장은 수입하지 않았기 때문이다. 싸고 단백

질이 풍부한 돼지 내장에 보관이 쉽고 싸고 양도 많고 푸짐한 식감을 주는 당면은 최고의 식재료였다.

1970년대 남대문시장, 동대문시장, 신촌시장 등 시장에서는 당면을 넣은 순대가 사람들을 불러 모았다. 도시로 모여든 노동자와 서민에게 당면순대는 최고의 단백질 공급원이자 만복의 근원이었다. 1960년대 말 신림시장에서는 당면순대에 당면과 야채를 섞어 철판에 볶아 주는 순대볶음이 개발되었다. 1970년대와 1980년대를 거치면서 신림시장 주변에 가득했던 구로공단의 노동자들과 서울대학교 학생들은 순대볶음을 먹기 위해 몰려들었다. 그때나 지금이나 변함없이 가난하고 배고픈 청춘들에게 순대볶음은 배를 채우면서 취하기 좋은 음식이다.

당면은 한국 음식에서 빠질 수 없는 식재료가 되었다. 당면이 주재료로 사용되는 잡채는 물론 아예 당면을 삶아 즉석에서 비벼 먹는 부산의 명물 비빔당면도 있다. 불고기, 찌개, 삼계탕, 곰탕 등 한국 음식에서 당면은 약방의 감초 같은 식재료다.

당면唐麵은 직역하면 '당나라 면'이지만 '당唐'은 중국을 지칭하는 일반명사로도 쓰이고, 일본에서는 한국이나 중국을 뜻하는 좁은 의미에서 '외국'이라는 뜻으로 사용되기도 한다. 조선 사람들은 '중국에서 온 면'이라는 뜻으로 '당면' 혹은 '호면胡麵'이라 불렀다.

당면의 발상지 중국에서는 당면을 '펀쓰粉絲'라 부른다. 펀쓰의 발생지는 산둥성 옌타이 자오위안으로 300년 전에 만들어졌다고 중국의 자료들은 적고 있다. 물론 녹두녹말을 이용한 요리는 7세기 《제민요술》에 등장할 정도로 오랜 요리법이다. 중국에서 '펀粉'은 순수한 녹말을 뜻한다. 순수한 녹두녹말을 작은 구멍에 밀어내어 실처럼 만든 것이 펀쓰다.

대만에서는 펀쓰란 말과 함께 '둥펀冬粉'이 많이 쓰인다. 둥펀에 겨울冬이라는 한자가 들어간 것은 재료인 녹두와 관계가 깊다. 쌀과 보리 등이 잘 크지 않는 겨울에도 녹두는 잘 자라기 때문이다. 겨울에 녹두녹말을 이용한 둥펀을 많이 먹었다. 대만에서는 둥펀으로 만든 면도 즐겨 먹고, 냄비에 여러 재료를 데쳐 먹는 훠궈에도 둥펀은 빠지지 않는다. 지금도 대만에서는 둥펀을 녹두로 만들지만, 우리나라에 수입되는 당면은 대부분 고구마녹말을 사용한다. 감자녹말과 심지어 연근녹말로 만든 당면도 있다. 한반도에도 오래전부터 녹두녹말을 이용한 음식 문화가 있었다.

녹말을 사용해 면을 뽑아서 내리는 압착면壓搾麵이라는 점에서 당면은 함흥냉면과 상당한 유사성을 갖는 음식이다. 17세기 중반에 쓰인 장유의 《계곡집》에는 녹두녹말로 만든 면을 자주색 오미자 국물에 말아 먹는 냉면이 나온다. 하지만 녹말로 만든 당면이 음식 문화로 본격화되는 것은 산둥성 사람들의 해외 진출이 본격화되는 19세기 후반 이후다. 산둥의 룽커우龍口는 청나라 말기 중국인의 해외 진출 시 이용하는 중요한 항구 중 하나였다. 자오위안과 얼마 떨어져 있지 않은 룽커우 항을 통해 중국인들은 펀쓰를 홍콩이나 태국 등으로 수출했다. 19세기 말 조선에 진출한 중국인들은 대부분 산둥성 출신이었다. 정확한 기록은 없지만, 짜장면처럼 펀쓰와 펀쓰를 이용한 요리가 이때 한반도에 유입되었을 것이라 추정된다.

수입해 오던 당면을 제일 처음 한반도에서 생산한 것은 언제부터일까? 1906년 경의선 열차가 완공되면서 새로운 도시들이 탄생한다. 경의선의 종착역인 신의주와 중간 거점인 사리원은 대표적인 신흥 도시였다. 황해도의 풍부한 곡물은 사리원을 통해 경성서울과 평양 등으로 실려 나갔다. 1920년 사리원에는 사리원의 명물이 되는 당면공장이 설립된다. 평양 출신의 경영자 양재하는 사리원에 소두小豆가 많이 나는 것을 보고 당면공장을 세워 큰 성공을 거둔다. 사리원 동리에 있던 '광흥공창'은 중국인 직공만 20명에 달하는 큰 공장이었다. 당시 당면공장에 관한 기사에는 중국인 근로자들이 반드시 등장한다. 중국인 직공은 단순 노동자가 아닌 당면 전문가일 가능성이 높다.

1920년대 당면은 한국 사람들이 즐겨 먹는 식재료가 된 것이 분명하다. 1924년에 방신영이 쓴 《조선요리제법》에는 당면을 이용한 잡채雜菜가 등장하고, 냉면 면발로 당면을 이용한다는 구절도 나온다. 1880년 발간된 《한불자전》에 당면이라는 단어가 등장하는 것을 시작으로 1897년 간행된 게일의 《한영자전》에는 당면이 '호면', '분탕粉湯'과 같은 말로 등재되어 있다. 19세기 말에서 20세기 초의 외국어 사전에는 당면이 빠지지 않고 등장할 정도로 19세기 말부터 당면은 상당히 보편적인 음식 재료임을 알 수 있다.

1930년대에는 사리원과 더불어 인천에도 몇 개의 당면공장이 있었다. 보관이 용이하고 여러 재료에 두루 사용하기 좋아 당면은 인기가 높은 식재료였다. 1930년대 신문에는 일본 음식인 스키야키에 당면을 넣어 먹은 기록도 있다. 스키야키는 채소와 고기를 함께 먹는 일본의 고기 요리로, 국물이 자작한 한국의 불고기와 연관성이 제기되고 있는 음식이다. 공교롭게도 지금 불고기에는 당면이 빠지지 않고 들어간다.

중국의 당면인 펀쓰는 녹두와 잠두의 녹말을 원료로 만든다. 일본산 당면인 하루사메春雨는 감자녹말과 고구마녹말, 옥수수녹말을 섞어 사용한다. 한국의 당면이 서민적인 식재료인 반면, 중국 산둥성의 펀쓰는 저렴한 것부터 비싼 것까지 재료의 질과 가격의 폭이 크다. 녹두녹말을 사용한 펀쓰는 매끄럽고 탄력감이 넘치는 세련된 식재료다. 현재 한국에서 당면을 만드는 공장은 몇 군데 남아 있지 않다. 대부분은 당면의 고향인 산둥성에서 수입해 온다.

재료 자체의 맛보다는 재료의 섞음으로써 새로운 맛을 만들어 내는 것을 좋아하는 한국인들에게 다양하게 변신하는 당면은 적합한 식재료다. 매끄러운 식감과 무색무취한 당면은 다른 재료와 섞이면 그 재료의 속성을 그대로 받아들이는 특징 때문에 어떤 음식과도 잘 어울린다. 사람이든 식재료든 남의 이야기 잘 듣고 적응하는 것은 어디에서도 대접을 받는 법이다.

쥐포

국내산 쥐포는 크고 살집이 두껍고 붉은색이 돈다.
한 마리 혹은 두서너 마리로 만든 쥐포는
달보드레하고 감칠맛이 돈다.

단언컨대 난 대한민국에서 쥐포를 많이 먹은 상위 1퍼센트에 들어갈 자신
이 있다. 삼천포 출신의 어머니와 남해 섬 출신의 아버지 사이에서 태어난
덕분에 서울에서 자랐지만 부모님 고향에서 올라온 먹거리를 먹고 자랐다.
초등학교 시절 우리 집 다락방에는 쥐포가 몇 부대씩 잔뜩 쌓여 있었다. 나
는 그 쥐포를 쥐처럼 날마다 먹어 댔다. 한번 입에 넣으면 수십 장은 기본으

로 먹어 치웠다. 중학교, 고등학교, 대학교에 다닐 때에도 쥐포는 집에 언제나 넘쳐났다.

지금처럼 딱딱한 쥐포도 있었지만, 한 번 삶아서 조미한 쥐포는 굽지 않고 먹어도 될 만큼 부드러웠다. 감칠맛과 달콤함이 공존하는 쥐포는 한번 먹기 시작하면 완전한 포만감이 들 때까지 멈추기 어려웠다. 남해의 죽방멸치나 미역, 김, 말린 고구마 등도 옆에 있었지만 부드럽고 단맛이 나는 쥐포의 유혹은 다른 모든 것을 압도했다.

쥐포는 삼천포의 산물이다. 쥐포가 탄생하기까지의 여러 과정은 일본의 영향을 받았지만 지금의 쥐포는 삼천포를 기원으로 한다. 설탕과 소금에 조미료가 들어간 달달한 생선포는 감칠맛이 증폭된다. 한번 입에 들이고 나면 쉽게 끊을 수 없다.

미림으로 간을 해 말리는 생선 건조법

쥐포 문화는 일본식 생선 말리기 문화를 기원으로 한다. 삼천포에는 '화어花魚'라는 건어물 문화가 있다. 1930년대부터 화어를 만들어 왔다는 신선수산 사장님에 의하면, 화어는 그때부터 최고의 건어물이었다고 한다. 지금도 화어는 최상의 선물로 팔려 나간다. 일제강점기 때 삼천포는 경상남도에서 어획고가 가장 많은 항이었다. 삼천포에 진출한 일본인들은 화어와 마른 멸치를 생산해 일본으로 수출했다. 화어는 학꽁치, 홍감펑, 밀지어, 바닥대구, 쥐치, 가오리, 복어, 새우 여덟 종의 생선을 원료로 국화, 해바라기, 장미

등의 모양으로 만들어 일본인들에게 선물용으로 수출하기 위해 개발한 것이다.

화어는 어디서 온 것일까? 지금도 삼천포의 건어물 생산자들은 '사쿠라보시(桜干)'라는 일본말을 안다. 사쿠라보시는 화어와 쥐포의 조상이다. 사쿠라보시는 다른 말로 '미림보시(みりん干)'라 부른다. 미림보시는 일본의 대표적인 조미용 술 '미림'으로 간을 해 말린 생선을 말한다. '보시(干)'는 말린 생선이라는 뜻이다. 가장 많이 쓰인 것은 정어리였지만 고등어, 꽁치, 복어, 학꽁치, 쥐치, 보리멸 등이 사용되었다. 미림보시는 다이쇼시대[1912~1926년] 초기에 규슈에서 개발된 것으로 알려져 있다. 처음에는 정어리를 간장에 절인 후 말린 제품이었다. 이후에 간장과 함께 소금, 설탕, 조미액, 미림 등을 사용하면서 오늘날의 미림보시로 발전했다.

미림보시가 사쿠라보시로 이름이 바뀐 것은 철도 수송비 때문이었다. 미림은 고가품으로 수송비가 비쌌다. 이름에서 미림을 빼면 수송비가 절감되는 반찬으로 분류되기에 1931년부터 사쿠라보시라는 이름을 사용했다. 당시 사쿠라보시는 일본은 물론 대만, 조선, 만주에까지 널리 퍼져 있었다.《波崎町資料Ⅲ》, 1931

사쿠라보시라는 이름이 붙은 것은 정어리가 벚꽃 피는 3~4월이 제철이라는 설과, 생선을 펴서 말리는 것이 벚꽃과 비슷해서 붙은 것이라는 설이있다. 관련 자료는 없지만 사쿠라보시가 화어로 개명되었을 수도 있다. 지금일본의 사쿠라보시는 정어리 말린 것을 말한다. 쥐치로 만든 쥐포는 '가와

하기미림보시 ^{カワハギみりん干}'라 부른다.

우리 쥐포처럼 완전하게 말린 것도 있지만, 일본 쥐포는 쥐치의 꼬리를 그대로 살리고 반건조한 것을 주로 먹는다. 화어에 사용되는 건어물은 한결같이 꼬리를 달고 있다. 식용이 가능한 쥐치는 말쥐치와 쥐치다. 일본인은 쥐치를 주로 먹고, 한국인은 말쥐치로 만든 쥐포를 더 많이 먹는다. 서유구가 1820년경에 쓴 어류 박물지 《전어지》에 쥐치는 '서어鼠魚'로 나온다. 쥐처럼 생긴 생김새와 찍찍거리는 소리가 쥐와 비슷해 붙인 이름일 텐데 쥐치가 먼저인지 서어가 먼저인지는 확실하지 않다.

버림받던 쥐치의 화려한 변신

조선시대에 쥐치는 불길한 생선이라 해서 먹지 않았고, 1960년대 쥐포가 개발되기 전까지 어부들은 쥐치를 잡으면 재수 없다고 바다에 버렸다. 해방 이후 삼천포의 화어 문화는 한국인들에 의해 변화, 발전한다. 화어는 1967년 삼천포의 명산물로 지정되었다. 1960년대 초반 남해안에서 쥐치가 대량으로 잡히면서 이학조라는 사람이 화어 어포 기술을 적용해 쥐포를 만든다. 1960년대부터 남해안 일대에서 유행하던 쥐포는 오징어포와 대구포의 대체재로 떠오르면서 큰 인기를 얻는다. 1970년대 중반 쥐치가 대량으로 잡히기 시작하자 쥐포는 전 국민의 간식으로 자리 잡는 한편, 일본으로도 수출이 된다.

쥐포의 발상지인 삼천포는 주로 내수에, 여수는 수출에 주력한 탓에 삼천포 쥐포는 쥐포의 대명사가 되었다. 삼천포에서는 쥐치라는 이름 대신 '복福치'로 바꿔 부른 적도 있다. 쥐치를 '쥐고기'라고 부르는 사람들도 있었기 때문이다. 쥐치의 남획으로 국내산 쥐포가 줄어들면서 외국산으로 상당량 대체되었지만, 삼천리 쥐포의 두툼한 살집에서 나는 식감과 쫄깃함은 수입산과의 비교를 불허한다.

1990년까지 1000억 원의 매출을 기록하며 삼천포 경제의 70퍼센트를 담당하던 쥐치는 언제부터인가 거짓말처럼 갑자기 바다에서 자취를 감추었다. 1990년 20만 톤이 넘던 쥐치가 사라지자 76개까지 늘어났던 삼천포의 쥐포공장과, 20여 개 되던 여수의 쥐포공장은 폐업이 속출했다. 아이, 어른 다 같이 즐기던 국민 간식 겸 안주가 사라질 위기에 처하자 업자들은 재빠르게 해외로 눈을 돌렸다. 결국 중국을 거쳐 베트남이 국내 쥐포 시장의 90퍼센트를 차지하게 되었다. 베트남의 쥐포는 어린 쥐치를 사용한다. 그래서 쥐포 하나에 스무 마리 이상의 쥐치가 들어간다. 살집이 얇아지고 깊은 맛은 사라졌다. 그렇지만 평평하고 하얀 쥐포는 빠르게 우리 한국인들의 입맛을 장악했다.

2000년대 들어서면서 옛날만큼은 아니지만 쥐치가 다시 한반도 바다로 돌아왔다. 1970년대 본격적으로 들어서기 시작한 삼천포의 쥐포공장 중 살아남은 공장에서 국내산 쥐치로 쥐포를 만들고 있다. 국내산 쥐포는 크고 살집이 두껍고 붉은색이 돈다. 한 마리 혹은 두서너 마리로 만든 쥐포는 달보드레하고 감칠맛이 돈다. 하지만 어린이들은 간식으로 삼천포 쥐포를 선호하지 않는다. 얇고 먹기 편하고 더 단맛이 나는 베트남산 쥐포에 입맛이 길들여진 탓이다. 삼천포에 가면 쥐치를 회로 먹을 수 있는데 별다른 조미를 하지 않아도 씹을수록 단맛이 난다.

우리 음식 내비게이션 《한식의 탄생》

2012년 5월 6일 오후 1시 25분, 나는 여수 국동항에서 1,500원을 내고 대경도로 들어가는 배를 탔다. 봄이 숨넘어가던 시절이었다. 선착장에서 내려 밥집을 찾아가다가 혹시나 하여 동네 분에게 물어보니 딱하다는 눈길이었다. 철이 일러 그 집에 가도 찾는 물고기가 없다고 했다. 나는 친구를 째려봤고 그자는 머리를 긁적였다. 새벽부터 오밤중까지 조국을 구하고 민족을 위하느라 정신이 없는 나더러 기막힌 게 있다며 꼬신 그자는 박정배. '호박잎이 날 때부터 호박잎이 질 때까지'가 제철인 갯장어를 호박잎이 나기 전에 찾아간 거였다.

여수 읍내로 나와 장어구이와 돌게장, 서대회와 기타 등등을 마구 섭취하며 분노한 위장을 달랬기에 망정이지 박정배는 이날 나한테 절단 날 뻔했다. 그날 밤 둘은 교동시장 천변 포장마차에서 모듬불판을 올려 놓고 소주병 여러 개를 자빠트렸는데, 가장 맛나게 씹은 안주는 '뻑사리 낸 명색이 음식평

론가'였다. 낄낄대며 수작을 부리느라 정작 코앞의 엑스포는 보지도 못했다.

　이자는 시도 때도 없이 놀자며 나를 고문한다. 바다에도 가고 산에도 가고 아무 데나 막 가자고 한다. 지난 6월에 꼬드김에 또 홀딱 넘어갔다. 이번에는 도쿄였다. 국위 선양과 시장조사를 빙자한 수질 관리가 목적이었다. 비행기에서 내리며 다시 탈 때까지, 눈을 뜨면서 눈을 감을 때까지 온갖 음식을 찾아다녔다. 마시기 위해서 간 건지, 먹기 위해서 간 건지 나도 모르고 그도 몰랐다. 2박 3일 도쿄대첩은 대박이어서 그간의 허물은 다 눈감아 주기로 했다. 선술집 순례도 좋았지만 110살 잡순 돈가스 가게와 미슐랭 별 두 개를 받은 가게까지 구경했으니, 용서하지 않았다간 전화번호 목록에서 잘릴 것 같아서였다. 이자는 보기만 해도 눈알이 뱅뱅 도는 도쿄 지하철 노선도를 머릿속에 넣고 다닌다. 여권을 다섯 번 바꾸며 100번 넘게 일본을 드나든 내공에서 나온 신공이다. 여기서도 대책 없이 놀다가 역시나 도쿄 구경은 하지도 못했다.

　박정배는 본래 내 친구의 친구인데 만나자마자 배짱이 맞아 바로 친구 먹었다. 지겹게도 많이 만났고 만나기만 하면 대개 '꽐라'가 된다. 심심할 틈이 없는 이 음식박사는 애건 어른이건 아무하고나 잘 논다. 시원찮은 음식을 받아 들면 인상이 변하고 화딱지를 내는 직업병이 있는데, 성질 좀 죽이고 코만 안 골면 성인의 반열에 오를 확률이 100퍼센트다.

　한국 사람이라면 굽는 냄새만 맡아도 환장하는 전어를, 일본 사람들은 그 냄새를 싫어해 거의 먹지 않는다. 그런데 '고하다'라고 부르는 10센티미터 정도의 전어는 참다랑어의 대뱃살처럼 최고급 네타초밥 위에 얹는 생선로 쓴다. 이 책 곳곳에 들어있는 이런 양념들은 박정배의 행동반경을 말해준다.

메주, 장, 참기름, 젓갈, 고추장, 콩나물, 냉면, 꼬막, 막걸리, 명태, 감자탕, 돼지국밥, 부대찌개…… 우리가 매일 만나는 식재료와 음식 들이 여기 나온다. 방방곡곡 드나들며 보고 듣고 맛본 경험에, 국회도서관을 문턱이 닳도록 넘나들며 구한 방대한 자료들을 더해 푹 고아 낸 진액이다. 흩어져 있던 얘기들을 모으고 추려 가닥을 잡은 뒤 살을 붙였다. 그 뒤를 어슬렁어슬렁 따라가다 보면 어렴풋하던 한국 음식의 족보가 선연히 드러난다. 우리의 식탁이 어떻게 변해 왔으며 앞으로 어떻게 달라질지 그림이 그려진다.

오직 가을 암게로 담가야 제맛인 게장, 스님들이 먹는 소깍두기, 대구와 반대로 암놈이 수놈보다 두 배가 비싼 홍어 얘기 등 밥상에서 술상에서 안주 삼아 썰을 풀 수 있는 이야기들이 차고 넘친다. 1969년에 월남에 파병한 병사들에게 추석 선물로 마늘장아찌 10만 통을 보낸 일화를 소개하고, 감자탕집에서 울분을 삼키고 시국을 논하던 1980년대 대학생들을 이야기하고, 야들야들한 쇠고기에 길들여진 입맛 뒤에는 미국 거대 축산 기업들의 치밀한 전략이 있음을 꼬집기도 한다. "콩국수는 여름철 남도 사람에게는 바닷바람이고 대숲 바람이다" 같은 서정 흐르는 문장 맛도 짭짤하다.

그런데 이런 젠장, 운명의 장난인지 장난의 운명인지 책이 나올 즈음 박정배가 병원에 누워버렸다. 취재와 집필과 쏟아지는 방송 스케줄을 견디지 못하고 탈이 난 건데, 문병을 갔더니 나보고 글을 쓰라고 '퉁치지' 뭔가. 튕겼다가 삐쳐서 계속 누워 있으면 내가 심심하니 안 되겠다 싶었다. 링거액에 섞어준 '우주의 기운' 약발인지 마징가제트 박정배는 다시 벌떡 서서 음식 동네를 휘젓고 다닌다.

얼마 전에 보니 이자가 목침으로 쓸 만한 두께의 화학책을 읽고 있었다. 쓸 데 없는 짓 말고 놀자고 했더니 기초가 탄탄해야 건물이 튼튼해진다며 의자를 당겨 앉는 것이었다. 갈수록 두터워지는 현장 경험과 실전 공부로 무장한 박정배의 음식 수다가 밑도 끝도 없이 깊어지고 넓어지리라는 불길한(?) 생각이 든다. 우리 음식을 찾아가는 내비게이션, 《한식의 탄생》은 그런 책이다.

어이 정배, 또 한 사발하세. 비 내리는 날이면 딱 좋겠군.

_ 안충기(《중앙일보》 섹션 에디터)

한식의 탄생

지은이	박정배
펴낸이	최승구
펴낸곳	세종서적(주)

편집인	박숙정
편집장	강훈
기획	윤혜자
책임편집	김하얀
편집	이진아
디자인	조정윤 전성연
마케팅	김용환 김형진 이강희
경영지원	홍성우

출판등록	1992년 3월 4일 제4-172호
주소	서울시 광진구 천호대로 132길 15 3층
전화	영업 (02)778-4179, 편집 (02)775-7011
팩스	(02)776-4013
홈페이지	www.sejongbooks.co.kr
블로그	sejongbook.blog.me
페이스북	www.facebook.com/sejongbooks
원고 모집	sejong.edit@gmail.com

초판 1쇄 인쇄 2016년 11월 23일
      1쇄 발행 2016년 11월 30일

ⓒ 박정배, 2016

ISBN 978-89-8407-598-6 03900

이 도서의 국립중앙도서관 출판시도서목록(CIP)은 서지정보유통지원시스템
홈페이지(http://seoji.nl.go.kr)와 국가자료공동목록시스템(http://www.nl.go.kr/kolisnet)에서
이용하실 수 있습니다.(CIP제어번호: CIP2016028128)